Kurt Schliep

Der börsenmäßige Zeithandel in Getreide und Erzeugnissen der Getreidemüllerei

unikum

Kurt Schliep

Der börsenmäßige Zeithandel in Getreide und Erzeugnissen der Getreidemüllerei

---

ISBN/EAN: 9783845744063
Erscheinungsjahr: 2012
Erscheinungsort: Bremen, Deutschland

www.unikum-verlag.de | office@unikum-verlag.de

Kurt Schliep

Der börsenmäßige Zeithandel in Getreide und Erzeugnissen der Getreidemüllerei

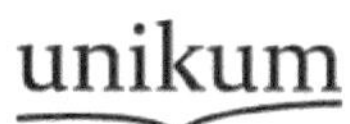

Der börsenmässige Zeithandel in Getreide und Erzeugnissen der Getreidemüllerei.

Inaugural-Dissertation

zur

Erlangung der Doktorwürde

der juristischen Fakultät

der Königlichen Universität Greifswald,

vorgelegt

von

Kurt Schliep,

Referendar aus Bromberg.

Greifswald

Buchdruckerei Hans Adler Inh. E. Panzig

1912.

Disposition.

Literatur.

Apt, Dr. Max. Das Börsengesetz, V. Aufl. Berlin 1909.

Borgius, Dr. Walter. Mannheim und die Entwicklung des süddeutschen Getreidehandels. Freiburg 1900.

Bernstein, Otto. Das Börsengesetz vom 1. Juni 1908. Leipzig 1910.

— Das Börsenprivatrecht nach der Novelle von 1908 in dei Zeitschrift für das gesamte Handelsrecht und Konkursrecht. 62. Band. (3. Folge 3. Band). 3. u. 4. Heft, Seite 137ff. (1908).

Conrad, Dr. J. Grundriß zur Politischen Oekonomie. I. Teil, 6. Aufl. Jena 1907. Zitierweise Conrad-Oekonomie.

— Jahrbücher für Nationalökonomie u. Statistik. Zitierweise Conrad-Jhrb.

Cohn, Dr. Gustav. Beiträge zur deutschen Börsenreform. Leipzig 1895.

Cosack, Conrad. Lehrbuch des Handelsrechts. VII. Aufl. Stuttgart 1910.

Croner, Dr. Joh. Die Geschichte der agrarischen Bewegung. Berlin 1909.

Fuchs, Dr. Carl Joh. Der Warenterminhandel. Leipzig 1891.

Goldenbaum, K. Auflösung und Wiederherstellung der Berliner Produktenbörse in Schmollers Jahrb. 1900, 1901.

Heinemann, Ernst. Die erlaubten und verbotenen Termingeschäfte und die Rechtsprechung des R. G. Berlin 1900.

— Das Problem der deutschen Börsenreform. Berlin 1901.

Hemptenmacher, Th. Das Börsengesetz. II. Aufl. Berlin 1908.

Jöhlinger, Otto. Die Praxis des Getreidegeschäfts an der Berliner Produktenbörse. Berlin 1910.

Kahn, Dr. Julius. Das Börsengesetz vom 22. 6. 1896/8. 5. 1908. II. Aufl. München 1909.

Kohn, David. Der Getreideterminhandel. Leipzig 1891.

Loeb, Dr. Ernst. Die volkswirtschaftliche Schädigung Deutschlands durch das Börsengesetz. Berlin 1902.

Norden, Arthur. Die Berichterstattung über Welthandelsartikel. Leipzig 1910.

Nußbaum, Dr. Arthur. Kommentar zum Börsengesetz für das Deutsche Reich vom 22. 6. 1896/8. 5. 1908. München 1910. Zitierweise: Nußbaum-Kom.

— Der börsenmäßige Getreidezeithandel in der Praxis des neuen Börsengesetzes in der Zeitschrift für das gesamte Handelsrecht und Konkursrecht. 69. Band. (III. Folge X. Band). 3. und 4. Heft. Zitierweise Nußbaum-Ztschr.

Pfleger, Dr. F. J. Das Börsenrecht im Handwörterbuch der Staatswissenschaften. III. Aufl. 3. Band. Jena 1909. S. 128ff.

Pfleger & Geschwindt. Darstellung der Ergebnisse der deutschen Börsenenquete unter dem Titel „Börsenreform in Deutschland". München 1897.

Rehm, Trumpler, Dove, Neukamp, Schmidt-Ernsthausen, Breit. Kommentar zum Börsengesetz, auf Veranlassung des Centralverbands des deutschen Bank- u. Bankiergewerbes. Berlin 1909. Zitierweise Neukamp.

Riesser. Die handelsrechtlichen Lieferungsgeschäfte. Eine Kritik der Rechtsprechung des Reichsgerichts. Berlin 1900.

Poppe. Die Entwickelung des. Börsenzeithandels in Getreide und die Novelle vom 8. Mai 1908 (Inaug.-Diss. Freiburg.) Leipzig, 1909.

Ruesch, H. Der Berliner Getreidshandel unter dem deutschen Börsengesetz, (Inaug.-Diss. Heidelberg) Jena 1907.

Staub. Kommentar zum Handelsgesetzbuch. 8. Aufl. 1908, bearbeitet von Könige, Stranz, Pinner. Zitierweise Staub.-Kom.

— Nachtrag zur 8. Aufl. bearbeitet von Könige, Stranz und Pinner, Berlin 1909. (Enthaltend nur die Bestimmungen über den Börsenterminhandel.) Zitierweise Staub-Nachtrag.

Stenglein. Die strafrechtlichen Nebengesetze des deutschen Reichs. Berlin 1903. (Kom. zum Börsenstrafrecht.)

Stillich, Dr., O. Die Börse und ihre Geschäfte. Berlin 1909.

Weber, Dr. Die Novelle zum Börsengesetz in der deutschen Juristen-Zeitung 1908, Nr. 11.

Wermert, Dr., Georg. Börse, Börsengesetz und Börsengeschäfte. Leipzig 1904.

Wiedenfeld, Kurt. Die Börse in ihrer wirtschaftlichen Funktion und ihrer rechtlichen Gestaltung vor und unter dem Börsengesetz. Berlin 1898. Zitierweise Wiedenfeld-Börse.

— Die Organisation des Getreidehandels im Handwörterbuch der Staatswissenschaften. III. Aufl. 4. Bd. Zitierweise Wiedenfeld-Organisation.

Wiener, J. Die Organisation des deutschen Getreidehandels. Im Plutus 1908. Heft 44, Seite 866.

Berichte und Beschlüsse der Börsen-Enquetekommissin Berlin 1894. Zitierweise B. E. K.

Stenographischer Bericht des Reichstages 1887/88 Bd. 4 (Anlagen) Nr. 185.

Reichstagdrucksachen 1890/92, Bd. 4 Nr. 528 und 531, sowie Bd. 3 Nr. 342. — von 1888/89 Nr. 151.

Entwurf eines Börsengesetzes nebst Begründung. Reichstagdrucksachen 1895/96, Bd. 1 Anlagen (Nr. 14). Zitierweise E. Begr.

Stenographische Berichte über die Verhandlungen des Reichstags. 9. Legislaturperiode, 4. Session 1895/96. Zitierweise Sten. B.

Reichstagdrucksachen 1895/97 Bd. 2 (Anlagen) Nr. 246. Zitierweise Komm. Ber.

— 1903/05 Nr. 244.

— 1903/05 Nr. 835.

— 1905/06 Nr. 587.

Entwurf eines Gesetzes betreffend Änderung des Börsengesetzes. Berlin. Carl Heymann's Verlag. (Abdruck der Nr. 483 der Drucksachen des Reichstags, 1. Session 1907/08.) Zitierweise E. II. Begr. II.

Bericht der 15. Kommission zur Vorberatung des Entwurfs eines Gesetzes betreffend Änderung des Börsengesetzes. Berlin. Carl Heymann's Verlag. Abdruck der Nr. 847 der Drucksachen des Reichstags, 12. Legislaturperiode 1. Session 1907/8. Zitierweise Komm. Ber. II.

Stenographische Berichte über die Verhandlungen des Reichstags, 12. Legislaturperiode, 1. Session 1907/8. Zitierweise Sten. Ber. II.

Entscheidungen des Reichsgerichts in Strafsachen. Zitierweise RGSt.

Entscheidungen des Reichsgerichts in Zivilsachen. Zitierweise. RGZ.

A. Einleitung.

§ 1. Die Bedeutung des Börsenterminhandels in Getreide.

Als die vollkommenste Einrichtung des modernen Handelsverkehrs ist ohne Zweifel die Börse[1]) zu nennen, der Ort[2]), an welchem regelmäßig zu bestimmten Zeiten

---

[1]) Obwohl die Feststellung der Begriffsmerkmale der Börse sowohl für die Theorie wie für die Praxis (vgl. Stillich S. 18ff.) von weittragender Bedeutung ist, hat man in der deutschen Gesetzgebung den Begriff nicht festgelegt, sodaß in Bezug auf die Anwendung des Börsengesetzes mancher Zweifel besteht, z. B. wegen § 1 B.G., wonach die Einrichtung einer Börse der Genehmigung der Landesregierung bedarf. Die Begründung des Börsengesetzes (S. 25) ging davon aus, daß die tatsächliche Gestaltung der vorhandenen und als solche im technischen Sinne unbestritten anerkannten Börsen im Einzelfall Anhalt bieten würde, um zu entscheiden, ob eine kaufmännische Versammlung als Börse im Sinne des Gesetzes anzusehen ist. In dem Verwaltungsstreitverfahren des Vereins der Berliner Getreide- und Produktenhändler c/ Polizeipräsident, welcher auf Grund von A. L. R. II, 17, 10 s. Zt. die Versammlungen im „Feenpalast“ (vgl. hierzu § 4) verbot, stellte das Oberverwaltungsgericht als letzte Instanz in der Entscheidung vom 26. November 1898 (Samml. 34, 315ff.) die folgenden Begriffsmerkmale auf:

„Zunächst müssen Versammlungen einer größeren Zahl von Personen vorliegen, die an einem ein für alle Mal bestimmten Ort und zu einer allgemein bestimmten Zeit, wenn nicht täglich, so doch in verhältnismäßig kurzen Zwischenräumen regelmäßig abgehalten werden und deren Wiederholung von vornherein beabsichtigt ist. Die sich Versammelnden müssen sodann wenigstens vorwiegend selbständige Kaufleute oder kaufmännische Hilfspersonen sein und ihren Geschäftssitz am Ort der Versammlungen oder in dessen Nähe haben. Die Versammlungen müssen weiter dem Handel mit nicht zur Stelle gebrachten vertretbaren Waren dienen, und zwar so, daß der in ihnen betriebene Handel wiederum zwar nicht ausschließlich, aber doch in erheblichem Maße ein Handel von Großhändlern untereinander ist.“

[2]) Börse bedeutet: Börsengebäude, Börsenversammlung, Börsenzeit und Börsenmarkt (im Gegensatz zum Kleinmarkt, Messe.)

die Vertreter des Handelsstandes zusammenkommen, um unter Beobachtung der dort geltenden Bestimmungen Börsengeschäfte, bestehend in dem Kauf oder Verkauf von Waren oder Wertpapieren, abzuschließen.

Der Abschluß derartiger Geschäfte vollzieht sich regelmäßig in zwei Formen, entweder als Kassa- oder Eskomptegeschäft — Loko- oder Effektivgeschäft an der Produktenbörse genannt — oder als Zeitgeschäft, das seiner rechtlichen Natur nach in das sogenannte handelsrechtliche Lieferungsgeschäft und in das eigentliche Börsentermingeschäft sich gliedert.

Das Börsentermingeschäft, welches sich infolge des Bedürfnisses nach Vereinfachung der Geschäftsformen im Handelsverkehr allmählich aus dem handelsrechtlichen Lieferungsgeschäft gebildet hat, stellt die höchste Vervollkommnung des Zeitgeschäfts und die vollkommenste Form des Handelsbetriebes dar, wozu ganz hervorragend die Entwickelung der modernen Verkehrsmittel (Eisenbahn, Telegraph, Telefon) beigetragen hat. Während beim gewöhnlichen Lieferungsgeschäft die Festsetzung des ganzen Vertragsinhalts in das Belieben der Parteien gestellt und die Vertretbarkeit nur unvollkommen durchgeführt ist, sind beim Börsentermingeschäft mit Ausnahme des Preises alle wichtigen Punkte des Vertrages, nämlich Lieferungsqualität (Typ), Mindestquantum (Schlußeinheit), Lieferungstermin und Abrechnung (Liquidationsverfahren) der Willkür der Parteien entzogen und durch Börsenüsancen schematisch festgesetzt, sodaß mit dem geringsten Aufwande von Zeit und Arbeitsleistung und unter Aufwendung von unbedeutenden Barmitteln die größten Umsätze herbeigeführt werden[1]). Infolge der Gleichartigkeit der Börsentermingeschäfte ist der Terminhandel gerade im internationalen Verkehr von höchster Bedeutung geworden, und es ist wohl zu verstehen, wenn er für eine Anzahl von Artikeln des Welthandels unentbehrlich ist.

Über seine Bedeutung, insonderheit über die Frage, ob er einem Bedürfnis des Verkehrs entspricht, ist viel in

---

[1]) Stillich, S. 138 ff.

Wort und Schrift gestritten worden, und ungeheuer groß ist die Zahl derer, die für und gegen ihn Partei nehmen. Bei der ersten gesetzlichen Regelung des Börsenrechtes in Deutschland bestanden große Meinungsverschiedenheiten besonders bezüglich des börsenmäßigen Terminhandels in Getreide, welches Produkt von jeher als Haupterzeugnis der Landwirtschaft stets die erste Stelle unter allen Artikeln des Welthandels eingenommen hat und auch heutzutage noch wegen der Massenhaftigkeit des Umsatzes und wegen seiner Bedeutung als Hauptkonsummittel als wichtigstes Gut des internationalen Handelsverkehrs gilt.

Die Berechtigung dieser Handelsform dokumentiert sich nun in den vielen Vorteilen, die sie der Volkswirtschaft bringt, und in folgendem sei nun versucht die Hauptfunktionen des börsenmäßigen Terminhandels in Getreide darzustelleu.

In erster Linie dient der börsenmäßige Terminhandel der räumlichen und zeitlichen Verteilung der Getreidevorräte, wobei der Ausfall der von Witterungsverhältnissen abhängigen Erten, der Zeitpunkt der Ernten und der Bedarf in Getreide, dessen Produktion mit dem Heranwachsen der Bevölkerung vielfach nicht entsprechend gesteigert werden kann, berücksichtigt werden muß. „Die örtliche Verteilung geht in der Weise vor sich, daß der Terminhandel die Waren des Weltverkehrs so lange gewissermaßen in der Schwebe hält, bis sie dorthin gelangt sind, wo der höchste Preis den größten Bedarf anzeigt. Die zeitliche Verteilung ist bei all den Waren notwendig, deren Produktion nicht gleichmäßig über die ganze Erde verteilt ist, sondern die, wie zum Beispiel das Getreide, in kurzer Zeit in ungeheuren Massen geerntet werden, während der Konsum sich über das ganze Jahr hin erstreckt. Hier hat der Terminhandel die Aufgabe der zeitlichen Verteilung, damit nicht der Überfluß mit einem Mal den Markt überflutet und dann wieder in Monaten vor der Ernte nichts zu haben ist“[1]).

Ferner gibt der Terminhandel, da infolge der genauen Feststellung des Vertragsinhaltes, besonders durch die Auf-

[1]) Stillich, S. 186/187.

stellung der börsenmäßigen Lieferungsqualität, die Fungibilisierung des Getreides in vollendetstem Maße durchgeführt ist, die Möglichkeit, einmal freier über die Ware zu verfügen und so jede Konjukturveränderung auszunutzen, und dann das Risiko einer Preisveränderung über eine Anzahl zu verteilen, wodurch der Handel in ausgedehnterem Maße betrieben werden kann, ohne in der gleichen Weise das Risiko zu steigern.

Ein Welthandel in großen Konsumartikeln — so bemerkt mit Recht der Bericht der Börsenenquetekommission — ist völlig undenkbar ohne Terminhandel. Kein Händler, der solche Quantitäten umsetzt, wie es der Welthandel bedingt, vermag das Risiko zu tragen, wenn der Terminhandel ihm nicht die Möglichkeit böte, es auf andere Schultern abzuwälzen"[1]). Jeder Teilnehmer am Terminhandel kann mit Sicherheit darauf rechnen, bis zur Erfüllung seines Vertrages seine Geschäfte durch entsprechende Gegengeschäfte zu kompensieren, die das Risiko auf ein Minimum herabsetzen. Welche Rolle diese Versicherungsfunktion in der Praxis spielt, geht ganz besonders klar hervor aus den Äußerungen zweier alter Getreidekaufleute bei der Vernehmung durch die Börsenenquetekommission. Der Hamburger Kommissionär Horwitz, dessen Firma zuerst südrussisches Getreide einführte, teilte seinerzeit mit, daß seine Firma diese waghalsigen Geschäfte — damals handelte man noch nicht südrussisches Getreide in Deutschland — nur gemacht habe, weil sie sich durch entsprechende Terminverkäufe in Berlin sichern konnte, während der Stettiner Getreidhändler Kühnemann die verhängnisvollen Wirkungen in den Getreidekrisen 1846/47 und 1857 allein dem Fehlen des Terminhandels nnd der damit zusammenhängenden Unmöglichkeit der Preissicherung zuschreibt.

Die dritte und unseres Erachtens wichtigste Aufgabe des Terminhandels besteht in dem Ausgleich der Getreidepreise, und zwar sowohl dem Ort nach zwischen den verschiedenen Plätzen, als auch der Zeit nach zwischen Gegen-

[1]) B. E. K., S. 121.

wart und Zukunft. Er bietet zunächst den Vorteil einer angemessenen Bewertung der Getreidepreise, indem die Börse aus der Abwägung aller Meinungen und Ansichten, welche die Käufer und Verkäufer auf dem Terminmarkt bezüglich der Produktions- und Konsumtionsverhältnisse und der Entwickelung der Preise geäußert haben, den richtigen Preis bildet. Er steigert ferner[1]) die Abhängigkeit der Inlandpreise von den Weltmarktpreisen. Durch die regelmäßigen Terminnotierungen auf den zahlreichen wichtigeren und wichtigsten Getreidemärkten der Welt, welche telefonisch mit größter Schnelligkeit verbreitet und vermöge der Zeitungen allen Interessenten des Erdballs täglich zugänglich gemacht werden, sind die Käufer und Verkäufer jederzeit in der Lage, ihre Preise nach den Weltmarktpreisen festzusetzen. Schließlich ist noch die Wirkung des Terminhandels auf die Gestaltung der Preise beim Lokogeschäft zu erwähnen. Die Terminpreise bewegen sich[2]) in parallelen Linien zu den Lokopreisen und nähern sich diesen immer mehr am Termin. Die feste oder steigende Richtung des Termingeschäftes zieht die feste oder steigende Richtung der effektiven Preise nach sich, die Flauheit oder das Fallen jener die Flauheit oder das Fallen dieser. Neben dieser unmittelbaren Wirkung übt der Terminhandel auch mittelbar Einfluß auf die Preisbildung des Lokogeschäfts durch die Verwendung des effektiven Getreides zu eigenen Zwecken und durch den Report und Deport aus[3]).

Als letzter wesentlicher Punkt des Terminhandels kann seine Tendenz angesehen werden, den Markt zu beleben und zu erweitern, indem er für das Geschäft einen größeren Kreis schafft und ungebundenes Kapital (Privatmittel) heranzieht, welches vorübergehend oder auch dauernd in Getreide angelegt wird. Zur Erfüllung seiner Aufgaben bedarf er in hohem Maße des Privatkapitals, weil er mit dem ihm sonst zur Verfügung stehenden Mitteln nicht in der Lage ist, den

[1]) Fuchs, S. 28/29.

[2]) Wermert, S. 251, Kohn, S. 106 ff.

[3]) Diese Verwendungen können natürlich nur während der Dauer des Termines geschehen.

inländischen Markt mit dem erforderlichen Getreide zu versorgen. Durch den Zufluß von Privatmitteln wird die inländische Börse in die Lage gesetzt, erfolgreicher gegenüber den Börsen des Auslandes in Konkurrenz zu treten, und schwere Schädigungen müßten eintreten, wenn man durch eine radikale Einschränkung des Terminhandels die Möglichkeit zum Abschluß von Termingeschäften nehmen und hierdurch die Beteiligung des Privatkapitals ausschließen würde. Daß gerade der Terminmarkt zum Felde von vielen Spekulationen ausgesucht wird, liegt in dem Termingeschäft selbst begründet, welches einerseits viele Bequemlichkeiten bei der Abwickelung bietet, andererseits aber auch im Gegensatz zum Kassageschäft große Vorteile aufweist. Der Kassamarkt verlangt für Spekulationen große Summen, auf dem Terminmarkt hingegen können mit geringen Mitteln die größten Umsätze getätigt werden, wobei infolge der Kompensation durch Gegengeschäfte schlimmstenfalls nur die Differenz zu zahlen ist. Auf dem Kassamarkt kann der Spekulant ferner nur aus dem Steigen der Kurse Vorteile ziehen und nicht mehr Waren kaufen, als vorhanden sind, wogegen auf dem Terminmarkte nicht nur an dem Steigen, sondern auch an dem Fallen der Preise zu verdienen ist und für den Abschluß der Geschäfte eine Grenze nicht besteht.

Wenn auch diese Markterweiterung große Vorteile bietet und die Börse selbst die Heranziehung des außenstehenden Publikums zum Terminhandel als notwendig und nützlich bezeichnet, so ist doch vom volkswirtschaftlichen Standpunkte aus eine Beteiligung von Personen, welchen zur Beurteilung der Tragweite der eingegangenen Geschäfte die erforderlichen kaufmännischen, bank- und börsentechnischen Kenntnisse fehlen, zu verwerfen, weil sie in der Regel mit der Vernichtung derartiger, größtenteils aus wirtschaftlich Schwachen bestehenden Existenzen endigt. Ja, die Beteiligung der outsiders kann bei der Preisbildung die größten Nachteile für die Börse herbeiführen, „indem nicht der am besten Informierte, der Händler, sondern der weniger Informierte einen entscheidenden Einfluß auf den Preis erhält, d. h. derjenige, der Produktion und Absatz und die sonstigen Verhältnisse nicht zu beurteilen vermag[1]."

Wenn nun eine Entscheidung über die Bedeutung des Terminhandels gefällt werden soll, so muß jeder objektiv Urteilende diese Handelsform, die keine willkürliche Schöpfung der Börse, „sondern ein Kind des modernen Weltverkehrs ist[2]", trotz ihrer Nachteile in jedem Handel treibenden Lande für unentbehrlich halten. Die Funktionen des Terminhandels werden um so mehr zur Geltung kommen, je großartiger sich der Handel gestaltet und zur Konzentrierung neigt, und jeder Markt wird nur auf eine Vergrößerung und in dem Konkurrenzkampfe mit anderen Märkten auf einen Sieg rechnen können, wenn diese unentbehrliche Handelsform mit herangezogen wird[3].

B. Ausführung.

I. Kapitel.

Der Getreidehandel bis zum Erlaß des Börsengesetzes vom Jahre 1896.

§ 2. Die Entwickelung des Getreidehandels in Deutschland und an der Berliner Produktenbörse.

Der deutsche Getreidehandel hat im Laufe des vorigen Jahrhunderts eine grundlegende Änderung erfahren. In den ersten Jahrzehnten produzierte Deutschland in all seinen Teilen regelmäßig mehr Getreide, als verbraucht wurde, sodaß der Überschuß stets an das Ausland abgestoßen werden konnte. Sogar Mannheim, welches heute als größter Weizeneinfuhrplatz des europäischen Kontinents gilt, konnte in jener Zeit ungeheure Mengen rheinabwärts exportieren. Ein eigentlicher Großhandel von internationaler Bedeutung bestand nur in einigen Seestädten, besonders Danzig, daneben Königsberg, Stettin und Hamburg, welche Städte den Überschuß des deutschen Getreides nach England und Holland,

---

[1]) Stillich, S. 211/212.

[2]) Stillich, S. 186.

[3]) Kohn, S. 226.

den damaligen großen Getreideimportländern, abführten, während infolge der vielen Zollschranken der einzelnen kleinen deutschen Staaten und der schlechten Beschaffenheit der Verkehrswege ein interner Getreidehandel sich nicht entwickeln konnte. Mit dem Aufblühen der Industrie in Sachsen und im Rheingebiet und dem Anwachsen der Bevölkerung stieg der Konsum in Getreide, und Ende der 1850er Jahre genügte die einheimische Produktion in Roggen nicht mehr, um den Bedarf zu decken, weshalb zum Import geschritten werden mußte. Seit dem Jahre 1875, in welchem zum ersten Mal auch Weizen eingeführt wurde, ist Deutschland offiziell Getreideimportland. Infolge der Umkehrung der ursprünglichen Verhältnisse wurde es jetzt weit mehr als bisher in den internationalen Handel hineingezogen, und um seinen Bedarf an Getreide zu decken, suchte es nicht nur die Exportstaaten Europas, sondern auch die Getreide anbauenden Länder der übrigen Erdteile auf. Der internationale Getreidehandel in Deutschland, welcher bisher von einigen Seestädten betrieben wurde, konzentrierte sich nunmehr, begünstigt durch die schnelle Entwickelung der Verkehrswege, immer weiter nach dem Innern des Landes, und schließlich übernahm Berlin mit seiner Börse die Führung im Getreidehandel[1]).

Die Berliner Getreidebörse hat sich[2]), wie die meisten Börsen, aus einem einfachen Markte entwickelt. Wie Pfleger & Schwindt ausführlich darstellen, gab es ursprünglich keine Getreidebörse in Berlin. Das brandenburgische Getreide wurde per Wagen nach der Hauptstadt gebracht und hier auf dem Gendarmenmarkte verkauft, wobei die Preise großen Schwankungen unterworfen waren. Als mit dem Anwachsen Berlins die Zufuhren aus der Umgegend nicht mehr zureichten, wurden die benachbarten Provinzen zur Versorgung der Hauptstadt mit Getreide herangezogen. Der Handel ging in der Weise vor sich, daß während des Winters Ge-

[1]) Wiedenfeld-Organisation, S. 781.

[2]) Die Berliner Börse ist die jüngste der großen Weltbörsen. Das Gründungsjahr ist nicht genau bekannt. Die erste Börsenordnung, die wir besitzen, ist aus dem Jahre 1739. Vgl. hierzu Stillich, S. 316ff.

treidehändler aus der Provinz das Korn zu festen Preisen kauften und sofort gegen Angeld per Konnossement auf Lieferung im Frühjahr nach Berlin weiter verkauften. Aus diesen Verhältnissen entstand die Berliner Getreidebörse.

Infolge der Ausdehnung der Eisenbahnlinien war Berlin nicht auf bestimmte Gegenden angewiesen, es konnte jetzt vielmehr zu jeder Zeit von weither die größten Quantitäten herbeischaffen. Der Handel selbst nahm auch andere Formen an, indem an Stelle des Konnossements der Schlußschein trat, welcher die allgemeinen Geschäftsbedingungen für den Getreidehandel enthielt. Auf diese Weise bildete sich allmählich aus dem Konnossementhandel der börsenmäßige Terminhandel, doch dauerte es noch lange Jahre, bis sich die Technik des Berliner Getreidehandels soweit verfeinert hatte, daß man zur offiziellen Einrichtung eines Terminhandels schreiten konnte. Erst Ende der 1860er Jahre finden wir einen Börsenterminhandel in Weizen und Roggen. Seit dieser Zeit nahm die Entwickelung der Berliner Getreidebörse einen gewaltigen Aufschwung, und Ende der 1870er Jahre war sie maßgebend für den Roggenhandel, nicht nur in Deutschland, sondern in der ganzen Welt[1]). In welcher Blüte sie damals gestanden haben muß, geht besonders daraus hervor, daß im Jahre 1868 ca. zweihundert große Getreidefirmen in Berlin gezählt wurden[2]). Ein Terminhandel in Mehl entstand erst, als sich in Deutschland die moderne Handelsmüllerei immer stärker entwickelte und die alte Lohn- und Kundenmüllerei verdrängte. Die Großmühlen verkauften ihr Mehl auf Zeit und kauften das Getreide auf Termin. Durch den Ankauf von Termingetreide konnten sie sich auf lange Zeit hinaus für ihren Betrieb das Rohmaterial sichern und für das verkaufte Getreide Deckung schaffen. Der Umsatz in Getreide und Mehl an der Berliner Produktenbörse war bedeutend größer, als der an den übrigen deutschen Börsen zusammen.

---

[1]) Stillich, S. 321. Vgl. ferner den Bericht von Horwitz (oben § 1) dessen Firma sämtliche Deckungsgeschäfte in Berlin abschloß. Nach Kohn, S. 68, wurde in Mannheim das Termingeschäft in Weizen am 1. 3. 1887. für Roggen etc. am 5. 2. 1888 eingeführt.

[2]) Stillich ebendaselbst.

Es ist daher nicht zu verwundern, daß viele Personen aus den verschiedensten Berufsklassen, die bisher in keiner Beziehung zur Börse standen, diesen wirtchaftlichen Aufschwung zum Abschluß von Börsengeschäften benutzten, um mit geringen Kapitalien möglichst große Gewinne zu erzielen. Allgemein machte sich ein ungesundes Börsenspiel bemerkbar, welches von gewissenlosen Agenten unterstützt wurde, und an der Effekten- wie Produktenbörse kamen infolge zahlreicher ungeheurer Überspekulationen Ausschreitungen vor; hauptsächlich der noch junge Terminhandel zeigte verschiedene Mißstände, weshalb in Petitionen das Eingreifen des Staates[1]) gegen derartige Auswüchse verlangt wurde. Besonders die Agrarier, welche seit Ende der 1870er Jahre unter einer heftigen Krise litten und den Preisrückgang in Getreide dem Terminhandel zuschrieben, agitierten heftig gegen diese Handelsform und forderten deren Abschaffung. Durch die Auswüchse des Terminhandels und durch das Differenzspiel, so sagten sie, seien dem Nationalwohlstand tiefe Wunden geschlagen, durch die Feststellung der allgemeinen Lieferungsbedingungen lediglich nach dem Bedürfnisse des Börsenverkehrs die Interessen der Landwirtschaft schwer geschädigt. Hier könne nur der Staat auf dem Wege der Gesetzgebung und durch eine energische Börsenaufsicht helfen. Die Industrie hielt dagegen jede Einmischung des Staates in die Tätigkeit der Börsen für unberechtigt und erklärte die Beseitigung der Mißstände der autonomen Regelung der beteiligten Kreise überlassen zu wollen. Ebenso vertrat der Ausschuß des deutschen Handelstages in seiner Sitzung vom 19. 11. 1889 den Standpunkt, „daß ein gesetzliches Verbot des Terminhandels wegen der an einzelnen Plätzen hervorgetretenen Mißstände weder erforderlich und auch nicht durchführbar ist. Das Termin- oder Lieferungsgeschäft, welche beide juristisch und geschäftlich nicht von einander unterschieden werden können, sind ein fundamentales Bedürfnis für alle Zweige der wirtschaftlichen Tätigkeit.“ Zunächst vermochten

[1]) Vgl. Nr. 185 der Reichstagsdrucksachen von 1887/88 u. Nr. 151 von 1888/89.

die Petitionen die Regierung zu einem Einschreiten nicht zu bewegen, weshalb sich der Unwille weiter Kreise des Volkes, die bisher von einem gewissen Mißtrauen gegen die Tätigkeit des Kaufmanns erfüllt waren, in Haß gegen die Börse und deren Einrichtungen verdichtete. Der Kampf, der zunächst volkswirtschaftlicher Natur war, nahm nunmehr einen politischen Charakter an, als Gegner standen sich Kaufleute und Agrarier entgegen. Die Ereignisse des Jahres 1891 — der Zusammenbruch bedeutender inländischer Bankhäuser, die Aufdeckung vieler ungesunder Börsenspekulationen, die umfangreichen Depotveruntreuungen, verschiedene schwindelhafte Haussemannöver an der Berliner Getreidebörse und das ständige Sinken der Getreidepreise — veranlaßte die Regierung die Initiative zu ergreifen und zur Herbeiführung eines Schutzes gegen die Wiederkehr ähnlicher Ausschreitungen in eine eingehende Prüfung der auf den Börsenverkehr und die Stellung der Börsen im allgemeinen bezüglichen Tatsachen und rechtlichen Fragen einzutreten, nachdem drei von Reichstagsmitgliedern im Jahre 1891 eingebrachte Initiativanträge[1]), welche die Einbringung eines Gesetzentwurfes gegen den Mißbrauch des Börsenspiels und die Einführung einer wirksamen Staatsaufsicht forderten, durch Schluß der Reichstagssessionen unerledigt geblieben waren. Von dem damaligen Reichskanzler von Caprivi wurde am 6. 2. 1892 eine Kommission berufen, welche zur Sammlung der nötigen Unterlagen eine Enquete veranstalten und dann nach genauer Prüfung Vorschläge für eine Reform des Börsenwesens unterbreiten sollte. Diese Börsenenquetekommission unter dem Vorsitz des damaligen Reichsbankpräsidenten Dr. Koch — sie bestand ursprünglich aus 23, dann 28 Mitgliedern und zählte 7 Kaufleute, 7 Staatsbeamte, 6 Großgrundbesitzer, 3 Bankiers, 3 Professoren der Rechts- und Staatswissenschaften (Schmoller, Cohn und von Cury) und je einen Vertreter des Bergbaues und der Industrie zu ihren Mitgliedern — hielt vom 6. 4. 1892 bis 11. 11. 1893 insgesamt 93 Sitzungen unter Ausschluß

[1]) Verhandlungen des Reichstages, 8. Legislaturperiode 1. Session, Anlagen Bd. 3 Nr. 342, Bd. 4 Nr. 528 u. 531.

der Öffentlichkeit ab, in denen auch eine Anzahl angesehener Sachverständiger aus allen an der Börsenreform interessierten Kreisen (darunter 16 Sachverständige des Getreidehandels, 10 der Landwirtschaft und 10 der Müllerei) gehört wurden. Die Resultate dieser Kommissionsberatungen zusammen mit einem Gesetzentwurf wurden in einem Bericht am 11. 11. 1893 dem Reichskanzler übermittelt und unter dem Titel „Bericht und Beschlüsse der Börsenenquetekommission[1])" im Reichsanzeiger veröffentlicht. Sie bilden für das spätere Gesetz von 1896 und zum Teil auch für die Ausführungsbestimmungen die Grundlage.

Wenn auch viele Anklagen gegen den Terminhandel[2]) berechtigt waren, so wurde doch in den Beratungen nach ausreichender Erwägung die Notwendigkeit der Existenz nicht im entferntesten in Frage gestellt, und kein Mitglied erklärte sich für die radikale Maßnahme des Terminverbotes, dagegen wurde seine Einschränkung als wünschenswert bezeichnet.

Am 19. 4. 1894, bei Gelegenheit der Beratung des Gesetzes über die Erhebung von Reichsstempelabgaben, beschloß der Reichstag die Regierung zu ersuchen, auf Grund dieser Ergebnisse ein Börsengesetz demnächst bald vorzulegen. Der vom Reichskanzler dem Bundesrat vorgelegte Entwurf wurde nach geringen Änderungen am 3. 12. 1895 als „Entwurf eines Börsengesetzes nebst Begründung[3])" dem Reichstag zur verfassungsmäßigen Beratung und Beschlußfassung unterbreitet. Nach der ersten Lesung im Reichstag — 9. bis 11. 1. 1896[4]) — wurde dieser Entwurf an eine Kommission von 21 Mitgliedern verwiesen, die ihn in zwei Lesungen beriet.

---

[1]) Neben diesem Bericht und den Beschlüssen der Börsenenquete-Kommission noch 6 starke Bände Verhandlungsprotokolle (3622 Seiten.)

[2]) Als Referenten und Korreferenten für den Terminhandel waren bestellt: Geh. Oberregierungsrat Gamp, Geh. Kommerzienrat Frentzel, Dr. Jürgens, Graf Kanitz, Senatspräsident Dr. Wiener, van den Wyngaert.

[3]) E, Begr.

[4]) Sten. B. Bd. 1 200ff.

Die Beschlüsse dieser Kommission stellen eine Verschärfung einer Anzahl der Bestimmungen des Entwurfs dar. Obwohl die Enquetekommission für Beibehaltung des Terminhandels in Getreide war, wurde in der Reichstagskommission die Einführung des Verbotes gefordert, und dem energischen Bekämpfen des Antrages seitens der Regierung gelang es, den anfangs schon gefaßten Beschluß rückgängig zu machen. Dagegen nahm man einige Bestimmungen auf, welche gewisse Schäden des Terminhandels beseitigen sollten, so z. B. die zwangsweise Besichtigung jeder Lieferung von der Sachverständigenkommission vor der Andienung. Alle bisherigen Verschärfungen der Regierungsvorlage genügten indessen der Mehrheit nicht, und in der zweiten Lesung des Reichstages — 28. 4. bis 1. 5. 1896[1]) — brachte daher der Abgeordnete Schwarze den Antrag auf Untersagung des börsenmäßigen Terminhandels in Getreide und Mühlenfabrikaten ein, welche Forderung eine lebhafte Debatte hervorrief. Der damalige Handelsminister Freiherr von Berlepsch bemerkte gegenüber diesem Antrage, daß es angängig sei, Bedingungen für den Terminhandel aufzustellen, welche die Bedenken gegen ihn beseitigen, weshalb er bestehen bleiben könne. Er äußerte Zweifel, ob das absolute Verbot der Landwirtschaft nicht mehr Schaden als Nutzen bringen würde. Sollten die Bedingungen nicht die gehofften Wirkungen haben, so würde der Bundesrat auch seinerseits nicht Anstand nehmen, das Verbot des Terminhandels auszusprechen. Aber im Gesetze dies zu tun, hielt er im höchsten Grade für bedenklich und empfahl dringend, den Antrag Schwarze nicht anzunehmen[2]). Der Unterstaatssekretär im Reichamt des Innern, Rothe, welcher den Standpunkt der Regierung vertrat, erinnerte, daß früher ein solcher Antrag nie gestellt worden sei, und selbst der Landwirtschaftsrat wollte im Jahre 1894 nur die Auswüchse beseitigen und lehnte daher einen Antrag auf Verbot ab[3]). Diese an sich recht schwache Stellungnahme seitens der Regierung gegen

---

[1]) Sten. Bd. 3 S. 1955ff.

[2]) Sten. B Bd. 3 S. 2043.

[3]) Sten. B Bd. 3 S. 2059.

das Verbot — der Reichskanzler sowie sein Vertreter waren zu dieser Debatte überhaupt nicht erschienen — vermochte irgend welchen Einfluß nicht auszuüben, der Majorität der Agrarier und ihrer Freunde wagte niemand ernstlich entgegenzutreten, weshalb es auch nicht erstaunlich ist, daß in dritter Lesung — 5. und 6. Juni 1806[1]) — dieser verhängnisvolle Antrag mit 200 zu 32 Stimmen angenommen wurde.

Mit diesem Erfolge waren die Agrarier noch nicht zufrieden. Die politische Konstellation zu ihren Gunsten benutzend, versuchten sie noch ihre übrigen Wünsche bezüglich der Börse durchzusetzen, was ihnen nach einigem Kampfe ebenfalls gelang. Seit längerer Zeit strebten sie darnach, durch Vertretung in den Börsenorganen bei der Festsetzung der Preise und Lieferungsqualität mitwirken zu können, um auf diese Weise eine Kontrolle über die Preisnotierungen, (denn nach ihrer Behauptung sollen besonders die Börsen in Königsberg, Halle, Stettin, Magdeburg und Berlin bewußt falsche Börsennotierungen vorgenommen haben), und ein Übergewicht über den Kaufmannsstand zu erhalten.

Die erste Anregung zu dieser Ausgestaltung der Produktenbörse war von dem Grafen Arnim ausgegangen, der in der Sitzung der Börsenenquetekommission vom 13. 4. 1893[2]) den Antrag stellte, in den zu erlassenden Börsenordnungen Normativbestimmungen zu treffen, wonach in dem Vorstand der Produktenbörsen die Hauptgruppen der Börseninteressenten, und zwar der Handel im allgemeinen, die landwirtschaftlichen Gewerbe und die Müllerei eine entsprechende Vertretung zu finden haben. Ein anderer Antrag ging dahin, die Börsenvorstände zu verpflichten, vor Fassung von Beschlüssen, die den Handel mit landwirtschaftlichen Produkten betreffen, die Vertretungen der Landwirtschaft und Müllerei behufs Delegation einer vom Bundesrat festzusetzenden Anzahl von Deputierten mit beschließender Stimme zu benachrichtigen, doch nahm die Börsenenquetekommission diese Anträge nicht mit auf. Die Reichstagskommission dagegen gab die Mitwirkung von Vertretern anderer Berufszweige (neben dem

[1]) Sten. B Bd. 3 S. 2409ff.

[2]) Sitzungsprotokolle der B. E. K. S. 287, 319ff.

Börsenvorstande) bei der amtlichen Feststellung des Börsenpreises zu[1]). Sie hielt diese Mitwirkung für grundsätzlich berechtigt, weil die Preisfeststellung der Waren erhebliche Interessen außerhalb der Börse stehender Kreise, insbesondere der Landwirtschaft und der Müllerei, berühre, und wies auch auf „den Vorgang hin, welche für Preußen das Gesetz über die Landwirtschaftskammern in dieser Beziehung bereits enthalte[2]).“ In der zweiten Lesung des Börsengesetzes wurde die Befugnis der Landesregierungen, die Aufnahme bestimmter Vorschriften in die Börsenordnung anzuordnen, gemäß dem Antrag des Grafen Kanitz des Näheren dahin ergänzt, daß sie insbesondere die Aufnahme der Vorschrift anzuordnen befugt ist, daß in dem Vorstande der Produktenbörsen die Landwirtschaft, die landwirtschaftlichen Nebengewerbe und die Müllerei eine entsprechende Vertretung finden, welche Bestimmung in der dritten Lesung des Reichstages dann endgültig angenommen wurde, als § 4 Abs. 2 B. G.

Das Ergebnis der Reichstagsberatungen für die Prodruktenbörse, nämlich das Verbot des Terminhandels in Getreide- und Mühlenfabrikaten und die Aufnahme des § 4 Abs. 2, bedeutet politisch einen völligen Sieg der agrarpolitischen Tendenzen, der jedoch von bösen Folgen war, sowohl für die Landwirtschaft selbst als auch für den Getreidehandel und notgedrungen zu Reformen führen mußte.

Allgemein war, wie dies aus den Verhandlungen hervorgeht, eine Reform des Börsenwesens erwünscht, und den Produzenten wie Konsumenten lag viel daran, die Auswüchse, die der noch junge Terminhandel in Getreide gezeigt hatte, zu beseitigen, um sich auch in Zukunft dieser bequemen Handelsform bedienen zu können. In der Enquete wie in der Regierungsvorlage drehte es sich hauptsächlich darum, in welcher Weise man die allseitig anerkannten Mißstände

---

1) Komm. Ber. S. 1451.

2) Während der Vorbereitung des Börsengesetzes erschien der Entwurf eines Gesetzes über die Landwirtschaftskammern für Preußen (Drucksachen des Abgeordnetenhauses 1894 Nr. 101). Dieses Gesetz datiert vom 30. Juni 1894 (Gesetzsammlung S. 126).

beseitigen könne, an die radikale Maßnahme eines Verbotes hatte niemand gedacht. Als nun wider Erwarten das Verbot erlassen wurde, da war es für die Getreidehändler schon klar, daß der Getreidehandel diese Knebelung nicht ertragen konnte, und daß man sich in dieser Meinung nicht geirrt hatte, bewiesen die Eıeignisse an der Berliner Produktenbörse und die Folgen des Terminverbots.

§ 3. Das Schicksal des Terminverbotes.

Die Hoffnungen, welche die Agrarier auf das Börsengesetz und das Terminverbot in Getreide gesetzt hatten, gingen nicht in Erfüllung, sondern bald stellte es sich heraus, daß der Sieg, den sie errungeu hatten, ein Pyrrhussieg war, welcher der Landwirtschaft schwere Nachteile brachte. Um nun die Wirkungen des Terminverbotes schildern zu können, ist es von Wichtigkeit, auch die Gründe anzugeben, weshalb die Agrarier mit den für die Verbesserung des Terminhandels in Vorschlag gebrachten Bestimmungen nicht zufrieden waren, sondern mit aller Heftigkeit für die Aufhebung des Terminhandels agitierten, obwohl von verschiedenen Seiten auf die zweifelhaften Folgen eines Verbotes hingewiesen war.

Der Antragsteller Schwarze versäumte es nicht die Absichten seiner Partei zu verraten. Hatten die Agrarier doch keinen geringeren Plan, als die Börsen zu zerstören, das Land mit einem Netze von Kornhäusern zu umspannen, die das Getreide aufnehmen, beleihen, für den Gebrauch herrichten und dadurch den Preisdruck paralysieren sollten. Namentlich im Herbste, wenn das Getreide in größeren Mengen auf den Markt gelangt, sollten sie als Getreidespeicher dienen und durch die Beleihung dahin wirken, daß der Landwirt zu der Zeit, wenn er flüssiger Gelder bedarf, solche erhält, ohne Getreide verkaufen zu müssen. Das Streben der Agrarier ging also dahin, die Internationalität des Getreidehandels, welche besonders durch den Terminhandel verkörpert wurde, zu bekämpfen, sich ferner hinsichtlich der Preisbildung völlig unabhängig von den Weltmarktpreisen zu machen, der vermeintlichen Baissetendenz des Terminhandels entgegenzutreten und den Import fremden Getreides nach Möglichkeit zu verhindern.

Es ist wohl zu verstehen, wenn der Landwirt als Getreideproduzent darnach trachtet, seine Preise unbekümmert um die Weltmarktpreise unter Berücksichtigung seiner eigenen Produktionskosten festzusetzen, liegt es doch im Bereich der Möglichkeit, daß der nach den Weltmarktpreisen festgesetzte inländische Preis sich im Widerspruch mit dem Ausfall der einheimischen Ernte gestalten und besonders in Krisen Situationen schaffen konnte, die gerade für die Landwirtschaft sehr verderblich werden konnten. Durch Erhebung von hohen Schutzzöllen hatte indessen der Staat sein Interesse für die Landwirtschaft bekundet und ihr ein Mittel gegeben, mit dem sie kritische Zeiten leichter überwinden konnte, doch erschien den Agrariern dies Schutzmittel nicht ausreichend. Sie strebten auch darnach, die einheimischen Preisnotierungen selbst in die Hand zu bekommen, erlitten hierbei jedoch kläglich Schiffbruch, weil die nach der Auflösung der Produktenbörse[1]) von ihnen unternommenen vielen Versuche, auf eigene Faust die Preise zu regulieren, sämtlich fehlschlugen, da — wie unten ausführlicher dargestellt — ohne Börse oder ohne großen preisbildenden Markt die Festsetzung von zuverlässigen Preisen nicht möglich ist.

Daß nun die Leer- oder Blankoverkäufe im Terminhandel die Schuld an den niedrigen Getreidepreisen tragen, wie es von agrarischer Seite behauptet wurde, daß er die Tendenz zur Baisse habe, wie in agitatorischen Schriften vielfach hervorgehoben worden ist, muß als nicht zutreffend zurückgewiesen werden, vielmehr haben die gemeinschaftlichen Untersuchungen Cohns und Conrads das Gegenteil festgestellt[2]).

„Blankoverkäufer können den Preis einer Ware nicht dauernd drücken, dies kann nur ein Angebot in effektiver Ware, und ist die wirkliche Marktlage für steigende Preise disponiert, so würden die Blankoverkäufer an den Käufern, welche die effektive Ware verlangen, ihre Gegner finden,

---

[1]) Cfr. unten § 4.

[2]) Conrad-Oekonomie, S. 229.

denen sie nicht gewachsen sind, obwohl letztere nicht kauften aus Interesse an der Steigerung des Preises, im Gegenteil lieber billiger als teurer kaufen wollten. Einzelne Spekulanten, oder auch Spekulantengruppen konnten auf irgend erhebliche Dauer in Waren, die in großen Massen vorhanden sind, die Preise nicht beeinflussen; ihnen gegenüber treten die realen Verhältnisse von Vorrat und Bedarf sehr bald in die Rechte und bilden das Gegengewicht[1]).“

Der Tiefstand der Getreidepreise in jener Zeit ist in anderen Gründen zu suchen, hauptsächlich in dem Auftreten neuer Konkurrenzländer und in den Mißständen an der Berliner Produktenbörse. Die überseeischen Länder, besonders Argentinien, Kanada und Australien, überschwemmten mit ihren Riesenernten den Markt und trugen hierdurch zum Sturz der Getreidepreise erheblich bei. Dazu kam die wissentliche oder fahrlässige Benutzung unkontranktlicher Ware zur Kündigung, sowie die Kündigung mit nicht vorhandener Ware, die oft von Spekulanten zur Herbeiführung künstlicher Baissen benutzt wurde, um bei dieser Gelegenheit mühelos zu verdienen.

Ist nun eine Besserung der Getreidepreise nach dem Terminverbot festzustellen? — Es muß zwar zugegeben werden, daß nach dem Jahre 1896 eine Steigerung der Getreidepreise zu verzeichnen ist, doch ist diese Steigerung keine Folge des Terminverbotes. Das Anziehen der Preise ist nicht allein auf Deutschland beschränkt, sondern überall ist nach dem tiefen Preisstand von 1893 bis 1895 ein Anziehen der Preise zu verzeichnen. Wie Ruesch an Hand ausführlicher Statistiken nachgewiesen hat[2]), konnte diese Preissteigerung der deutschen Landwirtschaft nicht in dem Maße zu gute kommen, als wenn der Konnex mit dem Weltmarkt durch eine starke Terminbörse enger gewesen wäre, denn durchweg sind die deutschen Preise hinter den ausländischen zurückgeblieben, und besonders groß ist die Differenz für Weizen gewesen. Welch erheblichen Schaden das Verbot der deutschen Landwirtschaft zugefügt hat, geht

[1]) B. E. K. S. 134.

[2]) S. 38ff.

besonders klar aus folgendem Beispiel hervor. Im Jahre 1896 waren die Ernten in den meisten Staaten Europas, besonders in Rußland, Frankreich und Oesterreich-Ungarn schlecht geraten, während in Deutschland die Erte gut ausgefallen war. Doch konnte die einheimische Landwirtschaft ohne Börsenterminhandel diese äußerst günstige Konjunktur nicht ausnutzen, und das Getreide wurde nach dem Ausland zu einem Preise verkauft, der dem Weltmarktpreise nicht entsprach. Um nun seinen eigenen Bedarf an Getreide zu decken, mußte Deutschland importieren und hierfür natürlich die Weltmarktpreise zahlen, wodurch dem Volke bedeutende Summen verloren gingen.

Deutschland nun im Konsum vom Auslande unabhängig zu machen, erschien von vornherein ein zweifelhaftes, undurchführbares Unternehmen, denn der Terminhandel konnte, wenn er verboten wurde, den Import nicht zurückdrängen oder gar völlig unterbinden, sondern nur erschweren. Deutschland war 1875 in die Reihe der Importländer getreten. Obwohl durch intensive Bearbeitung des Bodens und durch Kultivierung weiter Landstrecken eine erhebliche Steigung in der Getreideproduktion zu verzeichnen war, so nahm trotzdem infolge der rapiden Zunahme der Bevölkerung auch der Import entsprechend zu. „Um den deutschen Boden das fehlende Quantum Getreide noch abzugewinnen, so bemerkt mit Recht Conrad[1]), gehört eine Intelligenz, welche der großen Masse der deutschen Landwirtschaft bis jetzt noch fehlt, und bis es gelungen ist, sie entsprechend zu heben, wird so viel Zeit vergehen, daß durch die Volkszunahme der Bedarf wieder um ein Beträchtliches gesteigert ist, ganz abgesehen davon, daß die jeweilige Witterung den Ernteausfall evtl. stark verhindern kann und ein Importbedürfnis auch schon aus Rücksichten auf die Qualität nicht zu vermeiden ist, und garnicht zu reden von kriegerischen Ereignissen, die eine geordnete Bedarfsversorgung vor allem zur Voraussetzung haben". Das Jahr 1896 vermochte eine Änderung nicht herbeizuführen. Auch nach dem Erlaß des Börsengesetzes stieg die Getreideeinfuhr weiter, wie dies

---

[1]) Conrad-Jhrb., 3. F. Bd. 15 S. 657.

aus den Statistiken und den an das Ausland geleisteten Zahlungen zu ersehen ist, wobei noch berücksichtigt werden muß, daß die Einfuhr durch das handelsrechtliche Lieferungsgeschäft und durch Geschäftsabschlüsse an auswärtigen Börsen gegen früher bedeutend erschwert worden war. Der Handel ist, wie Wiedenfeld besonders hervorhebt[1]), darauf angewiesen, mit der Konkurrenz der ausländischen Gewerbe zu rechnen und kann es nicht vertragen, in seinen Lebensbedingungen auf eine fundamental andere, stets schwankende Grundlage gestellt zu werden; die Isolierung Deutschlands im Getreidehandel und Getreidepreis würde aber einen Faktor darstellen, der sich jeder Vorausberechnung entziehen würde.

Die Erwartung, daß vermittelst der Erschwerung der Einfuhr durch das Verbot des Terminhandels der deutsche Verbrauch an ausländischem Getreide nachlassen würde, erfüllte sich also nicht. Das Verbot bewirkte vielmehr, daß der Getreidenhandel in Deutschland zerstört und die Bedeutung seiner Börsen, besonsers der Berliner Börse, dem Auslande gegenüber herabgedrückt wurde. Mit dem Wegfallen des Terminhandels sank die ehemals so mächtige Berliner Produktenbörse plötzlich herab, und an ihre Stelle traten andere ausländische Börsen, besonders New-York und Chicago. Der Welthandel in Getreide vollzog sich nunmehr ohne die kräftige Mitwirkung der Berliner Börse, die nach dem Erlaß des Terminverbotets nur noch die Bedeutung eines größeren Lokalmarktes hatte. Der früher so lebhafte Handel schrumpfte auf ein Minimum zusammen, da das Großkapital sich von Berlin zurückzog und seine Geschäfte in Zukunft an ausländischen Börsen abwickelte. Das Erstarken der Land- und Wochenmärkte seit dem Inkrafttreten des Börsengesetzes einen Erfolg des Terminverbotes zu nennen, wie es mit Vorliebe von agrarischer Seite getan wird, erscheint sehr bedenklich, denn die deutsche Zentralproduktenbörse war zerstört und die Abhängigkeit des deutschen Getreidehandels vom Welthandel bedeutend größer als zuvor, indem an Stelle des Berliner Kurszettels der

[1]) Wiedenfeld-Börse, S. 56.

amerikanische als Grundlage für die Preisbestimmung angesehen wurde.

§ 4. Die Auflösung und die Wiederherstellung der Berliner Produktenbörse.

Die ebenfalls aus agrarpolitischen Tendenzen hervorgegangene Bestimmung des § 4 Abs. 2 Satz 2 B. G., wonach die Landesregierung vorschreiben kann, daß in dem Vorstande der Produktenbörsen die Landwirtschaft, die landwirtschaftlichen Nebengewerbe und die Müllerei eine entsprechende Vertretung finden sollten, sollte der Ausgangspunkt schwerwiegender Ereignisse werden. Während die außerpreußischen Regierungen diese Vorschrift nicht oder nur mit Zurückhaltung anwandten, machte Preußen von ihr den schärfsten Gebrauch, indem der Handelsminister Brefeld, welcher der Nachfolger des Freiherrn von Berlepsch war und als großer Freund der Agrarier galt, entsprechend dieser neuen Bestimmung am 11. 7. 1896 durch einen Erlaß die Börsenvorstände aufforderte, Entwürfe zu neuen Börsenordnungen einzureichen und durch dieselben der Landwirtschaft eine entsprechende Vertretung in den Börsenvorständen einzuräumen. Daß dieses Verlangen größte Erregung unter den Getreidehändlern hervorrufen mußte, war nach den voraufgegangenen erbitterten Kämpfen mit Sicherheit anzunehmen, und kurz entschlossen wiesen die Händler die ihnen vom Handelsminister zugefügte Kränkung zurück. Es war wohl zu verstehen, daß ein gedeihliches Zusammenarbeiten mit Leuten ausgeschlossen war, die ihnen kurz zuvor unbegründet bewußte Fälschungen von Börsennotierungen vorgeworfen hatten, um die Aufnahme von Landwirten in den Börsenvorstand zu motivieren. Die Börsen mußten es auch als eine große Demütigung empfinden, daß diese landwirtschaftlichen Mitglieder vom Handelsminister ernannt werden sollten, während sonst alle kaufmännischen Mitglieder des Börsenvorstandes aus den Mitgliedern der Börse gewählt wurden. Gerade hierdurch konnte in der Öffentlichkeit der Anschein erweckt werden, daß die gegen die Getreidehändler ausgestoßenen Verdächtigungen auf

Wahrheit beruhten und deshalb in der Ernennung der Vertreter der Landwirtschaft ein Aufsichtsorgan geschaffen werden sollte, um in Zukunft derartige Vorkommnisse zu vermeiden, obwohl durch die Ernennung des im Börsengesetze vorgesehenen Staatskommissars für eine genügende Kontrolle gesorgt war. Praktisch undurchführbar erschien ferner — dieser Punkt war jedoch von untergeordneter Bedeutung — das Verlangen, in den Preisnotierungen bei den verschiedenen Getreidearten die Sorten nach Ursprung, Gattung, Qualitätsgewicht, Beschaffenheit (Farbe, Trockenheit, Geruch) und Erntezeit genau zu bezeichnen, die höchsten und niedrigsten Preise anzugeben, sowie die gehandelte Menge nach Möglichkeit festzustellen, Vorschriften, durch welche die Fungibilität der Ware einfach vernichtet worden wäre. Die Ältesten der Berliner Kaufmannschaft reichten am 23. 9. 1896 ihren Entwurf, der jedoch keine der gewünschten Bedingungen enthielt, ein mit der Begründung, daß sie als Börsenvorstand eine Mitwirkung an dem Zustandekommen eines solchen Werks nicht verantworten könnten. Die Vorstände anderer Börsen schlossen sich der gegen die Absichten des Ministers gerichteten Bewegung an, und es kam zunächst zur Auflösung einiger kleinerer Produktenbörsen, denen bald die Berliner Produktenbörse folgte. Der Handelsminister beanstandete nämlich die eingereichte Börsenordnung und erzwang den Erlaß einer neuen, die den gesetzlichen Vorschriften[1]) entsprach und am 30. 12. 1896 im Reichsanzeiger veröffentlicht wurde. Ferner wurde die oben erwähnte Spezialisierung für die einzelnen Getreidearten vorgeschrieben. Diese Maßnahme, hauptsächlich aber die Veröffentlichung der oktroyierten Börsenordnung, entfachte die Erregung der Getreidehändler von neuem, und am 30. 12. 1896 beschloß man daher, vom 2. 1. 1897 ab zwischen 12 und 2 Uhr freie Zusammenkünfte im Saale der ehemaligen Warenbörse neben

---

[1]) Es sollten hiernach zu den bisherigen 9 Mitgliedern des Vorstandes 5 vom Landwirtschaftsminister zu ernennende Vertreter der Landwirtschaft und der landwirtschaftl. Nebengewerbe, sowie 2 vom Handelsminister zu ernennende Vertreter der Müllerei hinzutreten.

dem Börsengebäude (Feenpalast) zu veranstalten. Während in den übrigen Städten bei den Auflösungen der Produktenbörsen die Preisnotierungen eingestellt waren, wurden die Preise im Feenpalast wie bisher festgestellt und veröffentlicht, doch nahm man schon am 11. 1. 1897 hiervon Abstand, um nicht mit dem Börsengesetz in Konflikt zu geraten. Am 31. Juni 1897 wurden, nachdem auf Betreiben der Agrarier ein Einschreiten der Regierung verlangt worden war, die freien Versammlungen im Feenpalast durch den Polizeipräsidenten verboten, da man diese gemäß A. L. R. II. 17,10 als Börse im Sinne des Börsengesetzes ansah und die Veranstalter vergebens zur Nachsuchung der staatlichen Genehmigung aufgefordert hatte. Gegen diese Verfügung des Polizeipräsidenten wurde beim Bezirksausschuß Berufung erhoben, die jedoch später zu Gunsten der Getreidehändler entschieden wurde [1]). Inzwischen hatte man vorsichtshalber in dem früheren Hospital zum heiligen Geist eine Reihe nebeneinander liegender Zimmer gemietet, die als Kontore an die einzelnen Firmen weitergegeben wurden, um auf diese Weise auch weiterhin geschäftlich verkehren zu können, ohne jedoch größere Versammlungen zu veranstalten. Von Kontor zu Kontor fand nunmehr der Getreidehandel statt, und der Regierung konnte ein Anlaß zum Einschreiten nicht gegeben werden, da man von einem börsenmäßigen Verkehr nicht sprechen konnte.

Nach der Auflösung der Produktenbörse zeigte es sich besonders, welchen Wert die Börsennotierungen für die Produzenten und Konsumenten hatten. Anstelle der im Januar eingestellten Preisnotierungen wurden zwar noch Preisangaben über die Käufe und Verkäufe im Feenpalast in der Presse veröffentlicht, doch war es zweifelhaft, ob sie der wirklichen Lage des Marktes entsprachen. Nach der kaufmännischen Darstellung handelte es sich um reine private Ermittelungen, welche von den Beauftragten größerer Zeitungen angestellt wurden. Als nun infolge der agrarischen Agitation auch diese eingestellt wurden, wurde

---

[1]) Deutsche Juristenzeitung 1898 S. 35 ff.

die Landwirtschaft wie die Staatsverwaltung (namentlich die Militärverwaltung) in eine sehr unangenehme Lage gebracht, unter der Preisverwirrung hatten Verkäufer wie Käufer zu leiden. Man „schrie“ förmlich nach Notierungen[1]), und die Landwirte, welche mit ihrer Politik bald die ganze Börse beherrschen und „angemessene“ Preise vorschreiben wollten, mußten sich nach Ersatz der eingestellten Notierungen umsehen. Die vom Kaiserlich Statistischen Amt in Berlin im Reichs-Anzeiger veröffentlichten Preisnotierungen und die Mitteilungen der Zentralnotierungsstelle der preußischen Landwirtschaftskammern, welche sich auf die einseitigen Angaben der Landwirte stützten, genügten den Ansprüchen nicht, und auch regierungsseitig wurde die Unzulänglichkeit dieser Notierungen anerkannt. Die von der Regierung auf eigene Faust unternommenen Versuche, durch Marktkommissionen zu einer geordneten Preisfeststellung zu kommen, schlugen ebenfalls fehl, weshalb allseitig der Wunsch nach baldiger Wiederherstellung der Produktenbörse laut wurde. Besonders die Regierung gab wiederholt zu verstehen, daß sie die Wiederherstellung als das einzige Lösungsmittel aus diesem Dilemma erachte. Nachdem nun die freien Versammlungen im Feenpalast in dritter Jnstanz vom Oberverwaltungsgericht als Börsenversammlungen erklärt worden waren[2]) und der Geschäftsverkehr im Heiligenhospital einen börsenmäßigen Charakter anzunehmen schien, erklärten sich auch die Händler, des vielen Kämpfens müde, bereit, die seit Mai 1897 von der Regierung gepflogenen Einigungsverhandlungen mit aller Gewalt zu betreiben, um wieder bald in geordnete Verhältnisse zurückzukehren.

Große Schwierigkeiten bestanden jedoch bezüglich der Frage der Mitwirkung der Landwirtschaft bei der Verwaltung und bei den Preisnotierungen an der Börse. Die beiden ersten Versammlungen der Ältesten der Kaufmannschaft, der brandenburgischen Landwirtschaftskammer und des Vorstandes des Vereins der Berliner Getreide- und Produktenhändler, welche am 29. 5. und 10. 7. 1897 stattgefunden

---

[1]) Wermert S. 279.

[2]) Vgl. oben (Anm. 1.)

hatten, waren ergebnislos gewesen. Eine Einladung des Handelsministers Brefeld an einige an führender Stelle im Getreidehandel stehende Personen, an einer Beratung im Handelsministerium über die speziellen Vorschriften der zur Veröffentlichung gelangenden amtlichen Preisnotierungen am 4. 11. 1897 teilzunehmen, wurde glatt abgelehnt, wodurch ganz besonders der Ernst der Situation in Erscheinung getreten war. „In diesem Korbe, so bemerkt treffend Wermert[1]), den die Vertreter des Handels der Regierung zierlich aber bestimmt darboten, lag die größte Niederlage des Handelsministeriums eingewickelt, denn etwas Ähnliches, daß die Interessenten mit den höchsten Regierungsorganen nicht einmal mehr zu unterhandeln geneigt waren, war überhaupt in der Geschichte der preußischen Verwaltung wohl noch nicht vorgekommen. Die Niederlage wird noch größer, wenn man erwägt, daß die Regierung erst ohne Rücksicht auf die Vertreter des Handels verfügt hatte und nun trotz der Verfügung zum Entgegenkommen die Hand zu bieten geneigt war, die nicht angenommen wurde." Erst den eifrigen Bemühungen des Staatskommissars der Berliner Börse, Hemptenmacher, gelang es eine Einigung herbeizuführen. Im Schlußprotokoll vom 15. 1. 1900 wurde nicht nur die Zusammensetzung des Vorstandes der Berliner Produktenbörse, sondern auch der sogenannte Berliner Schlußschein vereinbart, welcher die Grundlage für den neuen Getreidehandel an der wiederhergestellten Produktenbörse bilden sollte.

Was nun die Zusammensetzung des Börsenvorstandes anbelangt, so war in der Versammlung am 29. 5. 1897 eine Einigung erzielt worden, daß an Stelle der „Ernennung" der landwirtschaftlichen Mitglieder durch den zuständigen Minister eine Wahl sämtlicher Vorstandsmitglieder vorgenommen werden sollte, nur stieß der Wahlmodus auf Seiten der Landwirtschaft auf Wiederstand. Nach den vertraulichen Beratungen mit Hemptenmacher einigte man sich beiderseits dahin, daß das Landesökonomiekollegium 10 Personen vor-

---

1) S. 63/64.

3*

schlagen sollte, von denen 5 durch die am Verkehr der Produktenbörse teilnehmenden Korporationsmitglieder auf drei Jahre frei zu wählen waren. Von den 12 Kaufleuten des Börsenvorstandes sollten 2 dem Müllereigewerbe angehören. Der Vorstand setzte sich demnach aus 17 Personen zusammen, nämlich 10 Händlern, 5 Landwirten und 2 Müllern. Hierzu kamen noch 4 von den Ältesten der Kaufmannschaft in den Vorstand gewählte Mitglieder[1]). Der Kampf wegen der Besetzung des Vorstandes war demnach zu Gunsten des Handelsstandes entschieden, wenn auch nicht alles Wünschenswerte erreicht war. Von einer Aufoktroyierung außerhalb der Börse stehender Personen konnte jetzt keine Rede mehr sein. Die Händler hatten jetzt die Majorität; der Einfluß der Landwirte war weniger bedeutend, was namentlich bei der Preisnotierung von Bedeutung war. Die agrarischen Vorstandmitglieder hatten nun hinreichend Gelegenheit sich zu überzeugen, daß die Verdächtigungen, die sie vorher ausgestoßen hatten, nicht begründet waren und daß die Preise nicht „gemacht“ wurden, sondern sich von selbst aus Angebot und Nachfrage bildeten.

In der Börsenordnung selbst mußten verschiedene Änderungen betreffend die Notierung der Preise für Getreide- und Müllereifabrikate vorgenommen werden, weil die Vorschriften der Börsenordnung vom 30. 12. 1896 praktisch nicht durchführbar waren. Die §§ 29c-f wurden gestrichen und die diesen §§ zu Grunde liegenden Gedanken in die §§ 29a und 29b (§ 35 und § 36 der jetzigen Börsenordnung übernommen, die folgenden Wortlaut hatten:

§ 29a (35). In den zur Veröffentlichung gelangenden amtlichen Preisnotierungen sind die bei den verschiedenen Getreidegattungen (Weizen, Roggen u. a. m.) nach der Lage des Geschäftsverkehrs an der Börse hauptsächlich in Betracht kommenden Sorten mit Unterscheidung nach inländisch und ausländisch, nach Qualitätsgewicht, nach Beschaffenheit in Farbe, Geruch und Trockenheit, nach alter und neuer Ernte zu bezeichnen, soweit diese Unterscheidungsmerkmale festzustellen sind.

---

[1]) Dieser zählte also insgesamt 21 Mitglieder.

§ 29b (36). Für jede einzelne der gemäß § 35 zur Notierung gelangenden Getreidesorten sind die dafür wirklich gezahlten Preise zu notieren, soweit dies festzustellen ist.

Insoweit sich diese Notierungen auf Abschlüsse über besonders geringe Qualitäten beziehen oder sonst besondere Verhältnisse vorliegen, ist dies bei der Notierung kenntlich zu machen.

Durch eine eingehende Spezialisierung den Lieferungshandel in genereller Ware zu vernichten, war den Agrariern demnach auch nicht gelungen, denn sie erreichten, daß neben dem Lieferungshandel auch für Lokalnotierungen der jetzige Kurszettel die Terminqualität zu Grunde legte [1]).

Von größter Bedeutung waren die Verhandlungen über das handelsrechtliche Lieferungsgeschäft in Getreide- und Mühlenfabrikaten. Als durch § 50 Abs. 3 B. G. der Terminhandel verboten worden war, mußten die Händler, um auch weiterhin die notwendigen Lieferungsgeschäfte abschließen zu können, eine Form suchen, die ihnen den Abschluß derartige Geschäfte ermöglichte, ohne gegen das Gesetz zu verstoßen. Als Schlüssel hierzu diente § 48 B. G., indem von den darin genannten drei Begriffsmerkmalen des Börsenterminhandels (festbestimmte Lieferungsfrist oder Lieferungszeit, vom Börsenvorstande festgesetzte Geschäftsbedingungen und amtliche Feststellung von Terminpreisen) auf die Festsetzung von Börsenbedingungen durch den Börsenvorstand und die amtliche Notierung von Terminpreisen verzichtet wurde. Unter Zuziehung von Juristen wurden besondere Bedingungen ausgearbeitet, welche dem effektiven Lieferungsgeschäft als Norm zu Grunde gelegt wurden. Die typische Lieferungsqualität, Lieferungsfrist und Mindestquantum wurde beibehalten, jedoch der Charakter des Geschäfts dadurch geändert, daß im Falle des Verzuges die Bestimmungen der §§ 325 und 326 B. G. B. und § 373 H. G. B. in Anwendung kommen sollten mit der Maßgabe, daß der Nichtsäumige dem Säumigen zur Bewirkung der Leistung eine angemessene Frist gemäß § 326 B. G. B. Abs. 1

---

[1]) Goldenbaum. 1901, S. 282.

gewähren muß, wodurch der Nichtfixcharakter des Geschäfts unzweideutig zum Abdruck gebracht worden war [1]).

Dieser Schlußschein wurde den Verhandlungen unter Hemptenmacher am 28. 6. 1899 zu Grunde gelegt, doch war es nach Hemptenmachers Ausführungen ausgeschlossen, daß die von den Vertretern des Handels und den Agrariern verlangten Garantien gegeben werden konnten. Jene verlangten nämlich, daß dem Handel und der Notierung auf Grund dieses Schlußscheins nicht mit der Begründung, er sei ein untersagter börsenmäßiger Terminhandel, entgegengetreten werden sollte, diese stellten die Bedingung, daß der Schlußschein nicht die Unterlage für einen untersagten börsenmäßigen Terminhandel bilden dürfe [2]).

Dieser neue Schlußschein unterschied sich nur wenig von dem alten [3]). Gegenstand des Lieferungshandels ist dieselbe typische Qualität. Lieferbar ist nur gesunder, trockener und für Müllereizwecke gut verwendbarer Weizen mit einem Normalgewicht von 755 g. per Liter. Ausgeschlossen von der Lieferung sind Rauhweizen, Kubanka und andere ausländische Hart- (Gries) Weizen, ferner künstliche Mischungen von weißem und rotem (gelbem) Weizen. Jeder Posten ist vor der Andienung, jedoch nicht früher als an dem der Andienung vorangehenden Werktage von 3 Sachverständigen zu begutachten. Wird der Weizen für lieferbar erklärt, so ist von den Sachverständigen eine Bescheinigung hierüber auszustellen und eine Beutelprobe von mindestens 2 Kg. im Wägeamt zu hinterlegen. Als vertragsmäßig gilt auch Weizen, bei welchem die Sachverständigen unter Berücksichtigung der Beschaffenheit und des Gewichts einen Mehr- oder Minderwert bis zu 2,— M. für die Tonne festsetzen, in welchem Falle der Käufer zur Abnahme nur unter Vergütung des Mehrwerts bezw. des Abzuges des Minderwertes verpflichtet ist. Getreide mit größerem Minderwert ist dagegen von der Lieferung ausgeschlossen. Übersteigt der

---

1) Wermert S. 69.

2) ebendaselbst.

3) Vgl. Goldenbaum S. 282ff., Wermert S. 70ff:

Mehrwert die Summe von 2,— M., so hat der Käufer trotzdem nie mehr als 2,— M. zu vergüten.

Der Verkäufer ist berechtigt, innerhalb der bedungenen Zeit den Weizen zu liefern, und jede einzelne Lieferung von zwei Stellen aus zu bewirken, jedoch darf er bei Abschlüssen von 30 t. und darüber niemals weniger als 30 t. auf einmal andienen. Bei Abschlüssen unter 30 t. ist die gehandelte Menge auf ein Mal und von einer Stelle zu liefern. Die Abnahme hat innerhalb 6 Tagen, den Tag der Andienung mitgerechnet, Zug um Zug gegen bare Zahlung zu geschehen. Sie muß am vorhergehenden Werktage erfolgen, falls die Frist an einem Sonn- oder Feiertage endet.

Die Andienung ist eine schriftliche. Sie ist dem Käufer an einem Werktage bis 12 Uhr mittags zuzustellen. Wenn die Lieferzeit nicht an einem Werktage endet, so hat die Andienung am vorhergehenden Werktage zu erfolgen, die Bescheinigung der Sachverständigen ist beizufügen. Sie kann Dritten überwiesen werden. In diesem Falle hat die Weiterlieferung ohne Verzug zu geschehen. Die Umlaufszeit der Andienung endet am Tage der Ausstellung nachmittags 6 Uhr.

Bei Lieferung vom Kahne müssen Andienungsschreiben sowie Bescheinigung der Sachverständigen enthalten: 1. das Datum, 2. den Namen des Schiffers, die Nummer des Kahns und den Ort der Abladung, 3. den Standort des Kahns, vorbehaltlich etwaiger Änderung durch polizeiliche Anordnung. Bei der Lieferung vom Boden sind beizufügen: 1. das Datum, 2. die genaue Bezeichnung der Partie nach Lagerraum und Menge.

Die Empfangnahme der Ware geschieht auf Kosten des Empfängers. Ergibt sich bei der Abnahme eines überwiesenen Postens ein Fehlgewicht, das nicht über 5% betragen darf, so wird dasselbe zum Preise des Abnahmetages bezw., falls die Abnahme nach Ablauf der vertragsmäßigen 6 Tage erfolgt, zum Preise des letzten Tages der vertragsmäßigen Abnahmefrist berechnet.

Durch diese Regelung des Getreidehandels auf der Basis des Berliner Schlußscheins war den langen Kämpfen zwischen Handel und Landwirtschaft ein Ende bereitet, und die Getreidehändler konnten wieder das Börsenlokal beziehen. Obwohl die Bedingungen des neuen Schlußscheins sich allseitiger Billigung erfreuten, so war trotzdem ein völliger Ersatz für das verbotene Termingeschäft nicht geschaffen worden. Eine Erholung der Berliner Produktenbörse sowie die Wiedergewinnung des nach dem Auslande geflüchteten Kapitals war unter den obwaltenden Umständen nicht möglich, und so lange die dem Getreidehandel feindlichen Betimmungen bestehen blieben, war an eine Besserung der Zustände nicht zu denken.

§ 5. Die Rechtsprechung des Reichsgerichts.

Wenn nun auch das handelsrechtliche Lieferungsgeschäft, wie es an der Produktenbörse abgeschlossen wurde, seiner Rechtsnatur nach vom früheren Termingeschäft völlig abwich, so waren doch in wirtschaftlicher Beziehung Unterschiede kaum festzustellen. Durch den Berliner Schlußschein waren dem Lieferungsgeschäfte keine individuellen Warenposten zu Grunde gelegt, sondern nach generellen Merkmalen gekennzeichnetes Getreide. Alle wesentlichen Punkte des Vertrages waren dem Belieben der Parteien entzogen, sodaß sämtliche Geschäfte nach einer Schablone abgeschlossen wurden. Es muß zwar zugegeben werden, daß sich die Abwickelung gegen früher bedeutend langsamer vollzog, da einerseits das Kündigungsverfahren nicht mehr bestand, andererseits der Selbsthilfekauf- oder Verkauf beim Verzuge viel Zeit in Anspruch nahm, der Zweck, welchen die Händler beabsichtigten, war jedoch erreicht, vor allem die Möglichkeit, das mit dem Getreideimport verknüpfte Risiko baldigst wieder abwälzen zu können. Durch das Handelslieferungsgeschäft waren ferner die vielen Mißstände im Getreidehandel beseitigt, der Verkehr an der Produktenbörse wieder in ruhige Bahnen gelenkt, zumal der Abschluß der Lieferungsgeschäfte ein gewisses Vertrauen der Parteien zu einander forderte und deshalb die Zahl der Börsenbesucher durch Fortfall der zweifelhaften Elemente sich etwas verringert hatte. Trotzdem war es sehr zweifelhaft, ob die Judikatur das Lieferungsgeschäft nicht als verbotenes Börsentermingeschäft charakterisieren würde. Eine richterliche Entscheidung wurde nach Möglichkeit vermieden und durch gütliches Entgegenkommen Differenzen geschlichtet, allein einige Reichsgerichtsentscheidungen, welche die Fondsbörse betrafen, gaben zu Bedenken Anlaß, wenn sich das Reichsgericht mit denselben Fällen in Getreide hätte beschäftigen müssen. Von den letztinstanzlichen Entscheidungen interessieren hauptsächlich folgende drei.

In dem ersten Urteil vom 12. 10. 1898[1]) handelte es sich um ein Geschäft an der Hamburger Börse in Gemäßheit des Artikels 357 des a. d. H. G. B. unter Ausschluß der allgemeinen Usancen für den Effektenhandel, demnach der Geschäftsbedingungen, die von dem Börsenvorstand für den Terminhandel festgesetzt waren. Es kam also ein Fixgeschäft auf handelsrechtlicher Grundlage in Betracht, welches nach § 48 B. G. ein Börsentermingeschäft nicht sein konnte, da ihm die beiden wesentlichen Erfordernisse desselben — die Geschäftsbedingungen des Terminhandels und die Feststellung von Terminpreisen — fehlten.

Nach der Entscheidung des Reichsgerichts umfaßt nun die Begriffsbestimmung „Börsenterminhandel" im § 48 B. G. infolge ihrer Begrenzung tatsächlich nicht alle im Börsenverkehre sich vollziehenden Termingeschäfte über Waren und Effekten. Unter den allgemeinen Begriff der Börsengeschäfte fallen auch Termingeschäfte im Sinne von Artikeln 357 cit., die zugleich dem Börsenverkehre angehören. Termingeschäfte, die inhaltlich von den amtlich festgestellten Bedingungen auch in erheblichem Maße abweichen oder sie gänzlich ausschließen, werden deshalb von § 66 B. G. berührt, weil ihr Charakter als Termin- sowie als Börsengeschäft durch diese Abweichung oder den Ausschluß in keiner Weise alteriert wird. Der wirtschaftliche Zweck des Börsengesetzes verlangt eine Anwendung von § 66 B. G. auf diesen tatsächlich bestehenden „Börsenterminhandel," zumal derselbe in der Absicht stattfindet, sich den gesetzlichen Folgen zu entziehen.

---

[1]) RGZ. Bd. 42, S. 43.

„Durch diese Grundsätze wurden mithin Fixgeschäfte, sobald sie sich an der Börse vollziehen, als „Börsentermingeschäfte“ gestempelt, auch wenn die sonstigen Erfordernisse des § 48 nicht vorhanden waren[1]).“

Bei dem zweiten Urteil vom 28. 10. 1899[2]) kam ein handelsrechtliches Lieferungsgeschäft gemäß Artikel 354 bis 356 des a. d. H. G. B., und zwar auf Grund von Bedingungen, welche von der Bank für Handel und Industrie zu Berlin für Lieferungsgeschäfte in Wertpapieren aufgestellt waren, in Betracht[3]). Diese Geschäfte hatten nicht den Charakter der Fixgeschäfte, und es war ausdrücklich bestimmt worden, daß der vereinbarte Erfüllungstag (Ultimo) nicht als ein fest bestimmter Zeitpunkt im Sinne von § 48 B. G. oder Art. 357 des a. d. H. G. B. zu gelten habe. Weiterhin waren die Bedingungen für Zeitgeschäfte an der Berliner Börse kontraktlich ausgeschlossen, wie auch der säumige Teil von dem nicht säumigen die Gewährung einer Nachfrist von 2 Börsentagen beanspruchen konnte.

Das Reichsgericht entschied in diesem Falle wie oben im Urteil vom 12. 10. 1898[4]), wenn es auch diesmal nicht die Begriffsbestimmung des § 48 dem § 66 zu Grunde legte. Der Kernpunkt der Frage bestand auch hier darin, „ob die im § 66 B. G. ausgesprochene Unwirksamkeit von Börsentermingeschäften, für die nicht beide Parteien im Börsenregister eingetragen sind, auf die Börsentermingeschäfte, die der Formulierung des § 48 des Gesetzes entsprechen, zu beschränken, oder ob die Unwirksamkeit auf solche Geschäfte zu erstrecken ist, deren äußere Rechtsform zwar sich mit der Begriffsbestimmung des § 48 nicht deckt, die aber nach ihrem materiellen Inhalt und ihrer wirtschaftlichen Natur und Zweckbestimmung unter die Geschäfte fallen, die der Gesetzgeber nur den in das Börsenregister eingetragenen Personen mit Rechtswirksamkeit hat gestatten

---

[1]) Wermert S. 16.

[2]) RGZ Bd. 44, S. 103.

[3]) Bedingungen für Lieferungsgeschäfte in Wertpapieren vom 1. Januar 1897, vgl. Riesser S. 76f.

[4]) Vgl. Anm. 43.

wollen. Von solchen Geschäften ist anzunehen, daß der Gesetzgeber sie habe treffen wollen und ausdrücklich getroffen haben würde, wenn er ihre Einkleidung in eine andere Rechtsform als diejenige, die er formuliert hat, vorausgesetzt hätte."

Die Entscheidung des Reichsgerichts bejahte ebenfalls diese Frage, denn „faßt der Gesetzgeber die Definition solcher Handlungen nicht weit oder genau genug, so entsteht die Gefahr, daß die Parteien den rechts- und wirtschaftlichen Erfolg, den sie durch das Rechtsgeschäft, gegen das das Gesetz sich richtet, erreichen wollen, auf einem Umwege dadurch zu erreichen suchen, daß sie ein verwandtes Geschäft an Stelle des vom Gesetz bedrohten abschließen, und so die Erreichung des gesetzgeberischen Zweckes vereiteln. Dies ist der Fall der Umgehung des Gesetzes, die jedes Recht dem direkten Handeln gegen das Gesetz gleichstellt."

In diesem Urteil ging das Gericht demnach noch einen Schritt weiter, indem die handelsrechtlichen Lieferungsgeschäfte, die nicht den Charakter des Fixgeschäftes besaßen, an der Börse dem Registereinwande preisgegeben wurden.

In beiden Entscheidungen stellt sich das Reichsgericht auf den Standpunkt, daß das „Betreiben der beteiligten Kreise von Anfang an dahin gerichtet gewesen sei, das Gesetz illusorisch zu machen" durch Abschlüsse von verwandten Geschäften an Stelle des vom Gesetze bedrohten. Pflicht des Richters ist es nun, diesem Umgehungsversuche entgegenzutreten. Gesetze sind nun nach ihren Begriffsbestimmungen und Tatbestandsmerkmalen anzuwenden. Daß die Begriffsbestimmung des Börsenterminhandels im § 48 B. G. erschöpfend sein soll, geht sowohl aus den Protokollen der Börsenenquetekommission als auch aus der Tatsache hervor, daß § 48 an der Spitze des vierten Abschnittes „Börsenterminhandel" steht. Auch die Motive zum Börsengesetz betonen[1]), daß als Grundlage für die nachfolgenden Bestimmungen die gesetzliche Feststellung

[1]) E., Begr. S. 60.

des Begriffs der Börsentermingeschäfte notwendig war, und es kann deshalb keinem Zweifel unterliegen, daß der Gesetzgeber auch den gleichen Begriff für die dem gleichen Abschnitt angehörenden §§ 66 und 69 anwenden wollte. Das Reichsgericht hielt dagegen offenbar für das gute Recht und für die Aufgabe des Richters, nicht etwa nur hinter dem Wortlaut des Gesetzes den eigentlichen Willen des Gesetzgebers zu ermitteln, sondern gegenüber dem ausgesprochenen engeren Willen und der ausgesprochenen begrenzten Absicht des Gesetzgebers einen anderen, weiter reichenden Willen und eine andere unbegrenzte Absicht des Gesetzgebers festzustellen[1]). Aus diesem Grunde wollte das Gericht den § 66 nicht nur auf die eigentlichen offiziellen Börsentermingeschäfte des § 48 angewendet wissen, sondern darüber hinaus auch auf alle Termingeschäfte, die zugleich dem Börsenverkehr angehören und unter den allgemeinen Begriff der Börsengeschäfte fallen.

„Eine solche Stellungnahme des Richters sowohl zu dem klaren Wortlaut sowie zu dem bestimmt ausgesprochenen Willen des Gesetzgebers erscheint aber sehr bedenklich, es bleibt wohl die ernste Frage übrig, ob eine Auslegung des angeblichen Gesetzeswillens denn wirklich so weit gehen darf, daß von dem Gesetzeswort nichts mehr erkennbar ist, oder ob ihr nicht schon die Tatsache entgegenstehen muß, daß hierbei der ganze § 48, der dann ebenso gut fehlen könnte, nichts als ein Blatt Papier wäre. Hinter dem Gesetzeswort dem Gesetzeswillen zu seinem Rechte zu verhelfen, ist die schönste Aufgabe und schönste Pflicht des Richters. Das Gesetz oder den Gesetzeswillen zu ergänzen, wäre er selbst dann nicht befugt, wenn er zu der Ansicht gelangte, daß eine solche Ergänzung eine Verbesserung oder die Ausfüllung einer Lücke darstellen würde, oder daß ohne eine solche Ergänzung die von ihm „— mit Recht oder Unrecht — unterstellte Absicht des Gesetzgebers nicht oder nicht vollständig erreicht werden würde[2]).“

---

[1]) Riesser S. 21.

[2]) daselbst S. 34/35.

Bereits das erste Urteil erregte nach Form und Inhalt in allen interessierten Kreisen großes Aufsehen, und nicht minder groß war die Erregung bei Veröffentlichung des zweiten Erkenntnisses. Trotzdem ließ sich das Reichsgericht von seinem Standpunkt nicht abbringen, wie das folgende Urteil beweist.

Das dritte Urteil vom 1. 12. 1900[1]) beschäftigte sich mit der Frage, ob die nach § 50 verbotenen Börsentermingeschäfte in Bergwerks- und Fabrikanteilen zivilrechtliche Gültigkeit haben, und ob sie nur dann von der Börse ausgeschlossen sind, wenn und soweit sie sich in den für Börsentermingeschäfte üblichen Formen vollziehen.

Zur Begründung seiner Absicht nimmt das Reichsgericht Bezug auf § 134 B. G. B., wonach ein Rechtsgeschäft, das gegen ein gesetzliches Verbot verstößt, nichtig ist, sofern sich nicht aus dem Gesetz ein anderes ergibt. Aus § 50 B. G. sei nicht zu erkennen, ob das Zuwiderhandeln gegen das Verbot, von den Folgen des § 51 B. G. abgesehen, noch andere Wirkungen habe. Zu dem gleichen Resultat kommt es, wenn es den Zweck des Gesetzes berücksichtigt. Das Gesetz wollte nämlich durch das Verbot verhindern, daß die Anteile von Bergwerks- und Fabrikunternehmungen zum Gegenstand der Spekulation gemacht würden, weil dadurch die Börse einen Einfluß auf die Unternehmungen gewinne, der einer ruhigen und gedeihlichen Entwickelung derselben nicht förderlich sei. Durch die Folgen des § 50 würde die Spekulation allein noch nicht unterdrückt, und eine Abhilfe sei nur dann zu erzielen, wenn die im § 50 ausgesprochene Untersagung auch die Nichtigkeit nach sich ziehe.

Mit diesem Urteil setzte sich das Reichsgericht in direkten Gegensatz zu der Absicht der verbündeten Regierungen und des Reichstages betreffs der Bedeutung des § 50. In der Reichstagssitzung vom 6. Juni 1896[2]) erklärte der Kommissar des Bundesrats, der Präsident des Reichsbankdirektoriums Dr. Koch, „der Entwurf bestimmt die

[1]) RGZ. Bd. 47, S. 104.

[2]) Sten. B., 9. Legislaturperiode, 4. Session, Bd. 4 S. 2449ff.

Wirkung der von ihm vorgesehenen objektiven Verbote in § 51 meiner Meinung nach erschöpfend, die Wirkung besteht darin, daß soweit ein solches Verbot erlassen ist, die trotzdem gemachten Geschäfte von der Benutzung der Börseneinrichtungen ausgeschlossen sind." Der Gesetzgeber hatte demnach nicht die Absicht gehabt, die zivilrechtliche Nichtigkeit derartiger Geschäfte herbeizuführen, zumal nach § 134 B. G. B. nur dann die Nichtigkeit ausgesprochen ist, wenn sich nicht aus dem Gesetz ein anderes ergibt. Aus dem § 51 B. G. ergibt sich nun aber ein anderes, diese Vorschriften waren indessen nur börsenpolizeilicher Natur.

Was versteht nun das Reichsgericht unter „Börsenterminhandel"? — — In seiner Entscheidung vom 28. 10. 1899 berührt es bereits diese Frage, indem es ausführt: „Im Gegensatz zu dem gewöhnlichen Fixgeschäft haben die Geschäfte im börsenmäßigen Terminhandel einen allgemeinen schablonenhaften Charakter dadurch erhalten, daß sie nach vorher an der Börse für alle Geschäfte dieser Art festgesetzten gemeinsamen Bedingungen auf dieselbe Zeit über feste Mengeneinheiten geschlossen und daß für sie an der Börse fortdauernd Terminpreise amtlich festgestellt und veröffentlicht werden. Auf dieser Gleichartigkeit aller Geschäfte nach Menge, Termin, Preis, beruht die Möglichkeit der Deckung jedes Contrahenten durch Gegengeschäfte und der Lösung durch bloße Differenzzahlung, die Möglichkeit der Beteiligung weiter Kreise an dem Geschäfte ohne den Besitz der Mittel zur effektiven Erfüllung, die stets umgangen werden kann, die Möglichkeit der Benutzung dieser Geschäfte zu einfachen Differenz- und Spielgeschäften[1])."

Die Entscheidung vom 1. 12. 1900 bezeichnet dagegen als wesentlich nur, 1. daß das Geschäft zu einem festen Termin ohne Rüchsicht auf besondere persönliche Bedürfnisse der Parteien, 2. mit typischem Inhalt abgeschlossen wird, und 3. zu einem Preise, der sich an der Börse infolge des Zusammenwirkens und Zusammentreffens der Börsenbesucher bildet. Wie dagegen dieser Preis festgestellt, und ob das

---

[1]) Riesser S. 66/67.

Geschäft an der Börse selbst abgeschlossen wird, ist wiederum unerheblich.

Was nun den ersten Punkt anbelangt, so hat das Reichsgericht in dem Urteil vom 28. 10 1899 selbst ein handelsrechtliches Lieferungsgeschäft mit Ausschluß des Fixcharakters und kontraktlicher Verpflichtung der Nachfrist als Börsentermingeschäft bezeichnet, sodaß wohl anzunehmen ist, daß es unter allen Umständen an dem festen Termin nicht festhalten wird. Feste Mengeneinheiten sind nach dem letzten Urteil nicht mehr erforderlich, und es dürfte nach diesen Kriterien schwer sein, ein handelsrechtliches Lieferungsgeschäft auf Zeit an der Börse nachzuweisen, welchem nicht der Charakter eines börsenmäßigen Termingeschäftes inne wohnt. Es ist daher auch wohl zu verstehen, daß die Getreidehändler lieber Verluste auf sich nahmen, als einen derart zweifelhaften Prozeß bis zu Ende durchzufechten, der im Falle einer Entscheidung zu ihren Ungunsten die schlimmsten Folgen für den gesamten Getreidehandel herbeiführen mußte.

Welches waren nun die Folgen dieser Rechtsprechung des Reichsgerichts? — Durch die Rechtsprechung unseres obersten Gerichts war dem für den Getreidehandel unentbehrlichen handelsrechtlichen Lieferungsgeschäft, welches sich unter der Zustimmung der Regierung, des Handelsstandes und der Landwirtschaft an der Berliner Börse auf Grund des neuen Schlußscheines entwickelt hatte, der rechtliche Schutz entzogen worden. Die Getreidehändler waren nunmehr nicht nur dem Differenzeinwand aus § 764 B. G. B., sondern auch dem Einwand der Nichtigkeit ausgesetzt. Schuldverhältnisse konnten durch derartige Geschäfte nicht begründet, bestellte Sicherheiten zurückgefordert, ja sogar das endgültig Geleistete noch nach dreißig Jahren zurückverlangt werden.

Der Standpunkt des Reichsgerichts war sehr zu bedauern, benutzten doch ehrlose Elemente die Spruchpraxis unseres obersten Gerichtes dazu, durch Erhebung von Differenzeinwänden eingegangene Verpflichtungen, ja oft Jahrzehnte zurückliegende Geschäfte abzustreiten, sodaß Treu und Glauben im Verkehr immer mehr untergraben wurde und für manche Kreise überhaupt beseitigt zu sein schien.

§ 6. Die Reformbestrebungen und ihr Ergebnis.

Infolge dieser Differenzeinwände, welche sich von Jahr zu Jahr mehrten, der bestehenden Rechtsunsicherheit und der allgemeinen Unzufriedenheit mit den Wirkungen des Börsengesetzes wurde die Staatsregierung beständig mit Anträgen wegen einer Abänderung des Börsengesetzes bestürmt; entweder sollte das Börsenterminverbot für Getreide- und Mühlenfabrikate aufgehoben oder die schon früher verlangte Sicherstellung der nach vielen mühevollen Verhandlungen geschaffenen handelsrechtlichen Lieferungsgeschäfte garantiert werden. Nicht allein in den Kreisen des Handels[1]), sondern auch unter den Agrariern wurden Beschwerden gegen das Gesetz laut, und bezeichnend für den Ernst der Situation war besonders der Antrag des konservativen Grafen von der Schulenburg-Grünthal in der Sitzung vom 11. 5. 1907 im Herrenhause, „in der zu erwartenden Novelle zum Börsengesetz die erlaubten Zeitgeschäfte für Getreide und Mühlenfabrikate genau zu definieren". In seiner Begründung führte Graf von der Schulenburg aus, daß in keinem der Kommentare etwas über die Grenze zwischen den handelsrechtlichen Lieferungsgeschäften und den börsenmäßigen Termingeschäften angegeben sei, und auch die Entscheidungen des Reichsgerichts haben darüber keine Klarheit geschaffen. Es sei aber ausgeschlossen, bei jedem Geschäfte sich vorher fragen zu müssen, was die Judikatur des Gerichtes nachher darüber bestimmen würde. Wenn das Reichsgericht einmal einen Differenzeinwand anerkennen würde, so wäre der Getreidehandel vernichtet. Ein sehr drastisches Beispiel zu den Blankolieferungsgeschäften führte der Antragsteller noch an, indem er darauf hinwies, daß er doch selbst Milch auf Jahreslieferung verkaufe, ohne einmal all die Kühe dafür zu besitzen. Derartige Worte im Munde eines konservativen Mitgliedes verfehlten nicht ihre Wirkung zu erzielen, um so mehr, als der Antragsteller noch hinzufügte, daß er zu

---

[1]) Reichstagsdrucksachen 1903/05 verschiedene Anlagen zu Nr. 244, S. 1072, 1077, 1080, 1082.

dieser Auffassung nicht durch akademische Abhandlungen, sondern durch ein langjähriges Beobachten an der Börse selbst gekommen wäre. Der Umfang des Kreises derer, die Getreidegeschäfte besorgen dürfen, sollte nicht erweitert werden, aber der Händler sollte das erhalten, was er erhalten muß, nämlich Rechtssicherheit. In seiner Erwiderung erkannte der damalige preußische Handelsminister Delbrück an, daß die jetzigen Vorschriften des Börsengesetzes in Verbindung mit der Rechtssprechung des Reichsgerichts geeignet seien, die Rechtsbeständigkeit auch der wirtschaftlich gerechtfertigten Zeitgeschäfte in Getreide, die auch der Landwirt nicht entbehren kann, zu gefährden. Der Minister versprach für eine Vergrößerung der Rechtssicherheit Sorge zu tragen, ohne den Kreis derer, die Getreidegeschäfte besorgen dürfen, zu erweitern.

Bereits am 11. und 12. 6. 1901 war auf Grund des § 6 B. G. vom Reichskanzler ein Börsenausschuß eingesetzt worden, um als Sachverständigenorgan über die vielen vorgebrachten Mißstände zu beraten und ein Gutachten abzugeben, ob und inwieweit eine Reform des Börsengesetzes erforderlich sei [1]). Obwohl die verschiedensten Interessengruppen vertreten waren, wurde fast einstimmig die Notwendigkeit einer Abänderung des Gesetzes anerkannt, doch gingen die Ansichten weit auseinander, in welcher Weise dies geschehen sollte. Der größere Teil war für eine durchgreifende Reform und stimmte namentlich für die Abschaffung des Terminhandelsverbots und des Börsenregisters. Kennzeichnend war der von agrarischer Seite gestellte Antrag „dem Herrn Reichskanzler das geforderte Gutachten dahin abzugeben, daß die bisherigen Erfahrungen nicht ausreichten, um schon jetzt eine Revision des Börsengesetzes notwendig oder zweckmäßig erscheinen zu lassen," welcher Antrag jedoch mit 24 gegen 11 Stimmen abgelehnt wurde. Trotz der vielen Meinungsverschiedenheiten wurde doch in einigen Punkten eine Einigkeit erzielt und für die Produktenbörse folgende Vorschläge gefaßt: Die nach §§ 50 und 66 B. G. untersagten Termin-

[1]) Reichstagsdrucksachen 1903/05, Anlage 8 zu Nr. 244 S. 1104 ff.

geschäfte werden insofern den in §§ 762—764 B. G. B. geregelten Spiel- und Wettgeschäften gleichgestellt, als die Rückforderung des einmal Geleisteten ausgeschlossen ist, das aus den §§ 50 66 B. G. oder 764 B. G. B. hergeleitete Recht, die Erfüllung einer Verbindlichkeit zu verweigern, wird zeitlich auf 6 Monate begrenzt. Bei Anfechtung von Geschäften in Waren ist der Anfechtende verpflichtet, sich die Gewinne aufrechnen zu lassen, welche ihm aus anderen — während der gleichen Zeit mit derselben Stelle abgeschlossenen — börsenmäßigen Termingeschäften erwachsen sind.

Am 18. und 19. 9. 1901 fanden dann unter dem Vorsitz des Handelsministers Möller unter Hinzuziehung von Bankiers, Börsenleuten, Juristen, Landwirten und Parlamentariern Besprechungen über die Abänderung des Gesetzes[1]) statt; in diesen wurde der durch die Rechtssprechung des Reichsgerichts eingetretene Zustand ebenfalls als sehr gefährlich bezeichnet. Bezüglich der Produktenbörse erhielt der vom Kaufmann Pincus gestellte Antrag, welcher vom Verein der Berliner Getreide- und Produktenhändler an den Handelsminister am 30. 5. 1901 eingereicht war, auf Veranlassung des Geheimrats Gamp folgende Fassung: „Nicht als börsenmäßige Termingeschäfte gelten Zeit- oder Lieferungsgeschäfte, welche zwischen Erzeugern oder Verarbeitern, oder in das Handelsregister eingetragenen gewerbsmäßigen Händlern solcher Waren auf Grund von Bedingungen abgeschlossen werden, die von den Staatsaufsichtsbehörden mit Zustimmung des Bundesrats für Lieferungsgeschäfte festgesetzt oder genehmigt sind[2]).“ Eine Kommission aus angesehenen Juristen wurde mit der Formulierung der Ergebnisse der Besprechung beauftragt, und in diesem Sinne stellte die preußische Regierung an den Bundesrat einen Antrag.

Erst am 19. 2. 1994 wurde dem Reichstag der Entwurf eines Gesetzes betreffend die Änderung des Abschnittes 4 des Börsengesetzes, welcher bereits in der Thronrede vom

[1]) Reichstagsdrucksachen 1903/05, Anlage 9 zu Nr. 244, S. 1115.
[2]) daselbst Nr. 244 S. 1124.

3. 12. 1903 in Aussicht gestellt war, vorgelegt[1]). In diesem Entwurf wurde in § 50 das Verbot des Börsenterminhandels in Getreide- und Mühlenfabrikaten beibehalten und der Lieferungshandel bei der Produktenbörse gesetzlich anerkannt, indem dem § 48, welcher dem Begriff des Börsentermingeschäfts gewidmet war, ein neuer Absatz 2 angefügt wurde, wonach Kauf- oder sonstige Anschaffungsgeschäfte in Waren, die zwischen Erzeugern, Verarbeitern, und berufsmäßigen Händlern der betreffenden Waren nach Bedingungen abgeschlossen sind, die der Bundesrat genehmigt hat, nicht als Börsentermingeschäfte gelten sollten". Die Bestimmungen des Abschnittes 4 betreffend den Börsenterminhandel sollten demnach auf diese Lieferungsgeschäfte keine Anwendung finden; sie unterstanden auch nicht dem Registerzwang. In Betracht sollten nur die allgemeinen Bestimmungen des H. G. B. und des B. G. B. kommen. Dagegen konnte der Differenz- und Spieleinwand erhoben werden. Der Reichstag überwies diesen Entwurf an eine Kommission von 21 Mitgliedern, die in ihren Lesungen die Abänderungsvorschläge der Regierung ganz erheblich einschränkte und § 48 ganz strich. Am 25. 5. 1905 wurde dem Reichstag Bericht erstattet[2]), doch war eine Weiterberatung dieser Vorlage im Plenum infolge des Reichstagsschlusses nicht mehr möglich.

Bei Beginn der nächsten Session legte die Regierung unterm 28. 11. 1906 einen neuen Entwurf vor[3]), welcher wortgetreu den Beschlüssen der vorerwähnten Reichstagskommission entsprach. Auch dieser Entwurf gelangte nicht zur Beratung, da der Reichstag am 13. 12. 1906 aufgelöst wurde.

Indessen bot die veränderte Zusammensetzung des Reichstages der Regierung die Gelegenheit, den dritten Reformversuch, den sie durch ihre Vorlage vom 22. 11. 1907[4]) machte, mit mehr Erfolg als früher zu unternehmen. Die

[1]) Reichstagsdrucksachen 1903/05 Nr. 244.
[2]) Reichstagsdrucksachen 1903/05 Nr. 835.
[3]) Reichstagsdrucksachen 1906/06 Nr. 587.
[4]) E. II, Begr. II.

Reichstagsvorlage, die sich „Entwurf eines Gesetzes betreffend Änderung des Börsengesetzes“ betitelte und sich durch die Einfachheit ihrer Vorschläge wie durch die Klarheit ihrer Begründung vorteilhaft von ihren beiden Vorgängern unterschied, wurde zum Gesetz, allerdings nach harten Kämpfen und unter mehrfachen Abänderungen. Der Börsenterminhandel war in diesem Entwurfe vollständig neu geregelt, das Börsenregister aufgehoben und hinsichtlich der Produktenbörse das Terminverbot in Getreide beibehalten worden.

Nach der ersten Lesung dieses dritten Entwurfes im Reichstage am 12. und 13. 12. 1907 wurde dieser einer Kommission von 15 Mitgliedern überwiesen, die am 8. 1. 1908 zusammentrat (Reichstagslesungen[1]). Der Vorsitzender war Abgeordneter Singer, Berichterstatter der Nationalliberale Dr. Weber, der sich um das Zustandekommen der Börsengesetznovelle besonders große Verdienste erworben hat. Die Kommission beriet den Entwurf in zwei Lesungen. In der ersten Lesung wurde die Regierungsvorlage verworfen und im wesentlichen das alte Gesetz wiederhergestellt, das Terminregister wieder eingeführt und neue Strafbestimmungen hinzugefügt. Vor der zweiten Kommissionslesung kam indessen nach großen Bemühungen ein Kompromiß zu stande, indem die Vorschläge der Regierung im wesentlichen zwar angenommen, im übrigen aber die agrarpolitischen Bestimmungen verschärft wurden, die Reform also zu Gunsten der Effekten- und zu Lasten der Produktenbörse durchgeführt wurde[2]). Einschneidend war die Änderung, die auf Grund dieses Kompromisses an den das Börsentermingeschäft in Getreide betreffenden Vorschriften vorgenommen wurde, ergänzt durch Einfügung eines eingehend geregelten Ordnungsstrafverfahrens und neuer Strafbestimmungen[3]). Nachdem nun die Kommission diesen Entwurf in zweiter Lesung endgültig[4])

---

[1]) Sten. B. II, S. 2191—2217, 2240 - 2242.

[2]) Nußbaum, Komm. S. XXVII f.

[3]) Vgl. unter § 9 u. Komm. Ber. II S. 83 ff.

[4]) Der Entwurf war sowohl gegenüber der Regierungsvorlage als auch den Ergebnissen der 1. Lesung formell wie materiell verschieden.

angenommen hatte, gelangte er am 7. 4. 1908[1]) im Reichstagsplenum mit einer kleinen Änderung zur Annahme. Am 8. 4. wurde die Börsengesetznovelle in dritter Lesung[2]) endgültig angenommen. Die Abstimmung ergab 202 gegen 167 Stimmen bei zwei Stimmen Enthaltung. Die Novelle — das Produkt der sogenannten Blockpolitik — wurde am 8. 5. 1908 ausgefertigt, am 18. 5. 1908 im Reichsgesetzblatt (Nr. 24, Seite 183ff.) verkündet und trat am 1. 7. 1908 in Kraft.

Auch die Beratungen zur Novelle zeigen uns dasselbe Bild wie früher, einen mit aller Leidenschaft ausgefochtenen Kampf zwischen den Agrariern und deren Gesinnungsgenossen einerseits und den der Börse freundlich Gesinnten andererseits. In einer unangenehmen Lage befand sich hierbei die Regierung, die aus politischen Gründen einen Konflikt weder mit der einen Partei noch mit der anderen vermeiden mußte. Sie konnte daher nur einen vermittelnden Standpunkt einnehmen, um sich die politischen Machtfaktoren im Parlament zu sichern. Wenn sie daher aus diesen Gründen auch weiterhin, den Wünschen der Agrarier folgend, das Verbot des Börsenterminhandels in Getreide und Erzeugnissen der Getreidemüllerei aufrecht erhalten wissen wollte, so sah sie doch ein, daß andererseits auch das handelsrechtliche Lieferungsgeschäft, wie es sich an der Berliner Produktenbörse auf Grund des Berliner Schlußscheins entwickelt hatte, beibehalten und vor allen Dingen rechtlich sichergestellt werden mußte. „Es ist nicht zu verkennen, so heißt es in der Begründung des Entwurfs[3]), daß ein Verbot, wie es der § 50 Abs. 1 des Entwurfs ausspricht, eine gewisse Gefahr für den einwandfreien und wirtschaftlich gebotenen Handel in sich schließt. Wenn auch der Schlußschein dazu dienen soll, nach Möglichkeit der Ausbildung eines Börsenterminhandels vorzubeugen, so ist es trotzdem nicht ausgeschlossen, daß der von den Gerichten bei der

---

[1]) Sten. B. S. 4747—4783.

[2]) Sten. B. S. 4838—4842.

[3]) Reichstagsdrucksachen 1907/08, Nr. 483, S. 23/24; vgl. ferner die Kommissionsberatungen Reichstagsdrucksachen Nr. 847 S. 28/29.

Auslegung der geltenden Vorschriften beschrittene Weg dazu führen kann, auch diese Geschäfte als Börsentermingeschäfte zu behandeln. Ein in diesem Sinne ergehendes Urteil des Reichsgerichts müßte aber Folgen nach sich ziehen, die sich weiten Kreisen empfindlich bemerkbar machen würden. Das Börsentermingeschäft kann begrifflich niemals eine nur vereinzelte Erscheinung sein; bei der Frage, ob ein Börsentermingeschäft vorliegt, sind die gesamten Verhältnisse des Marktes in Betracht zu ziehen. Ist nun ein dem Markte angehöriges Geschäft ein Börsentermingeschäft, so ergibt sich dasselbe mit Notwendigkeit auch für die anderen dem Markte angehörigen gleichartigen Geschäfte. Den einzelnen Geschäften selbst wäre durch das Verbot des § 50 Absatz 1 der Rechsboden entzogen.

Ein börsenmäßiger Zeithandel in Getreide und Mehl ist aber, und gerade für den Handel mit inländischem Getreide, unentbehrlich. Dies wird überzeugend dargetan, durch die Tatsache, daß bedeutende landwirtschaftliche Genossenschaften in beträchtlichem Umfang an dem Zeitgeschäft an der Berliner Börse teilnehmen. In der Tat ist es auch klar, daß die Genossenschaften ihre Aufgabe, das Getreide in ihrem Wirkungsgebiet anzuziehen und es demnächst je nach Bedarf dem Komsum zuzuführen, ohne Übernahme eines unübersehbaren spekulativen Risikos nicht erfüllen können, wenn sie nicht die an einer Börse zu findende Möglichkeit haben, sich die gegenwärtigen Preise zu sichern."

Es war nun Aufgabe der Regierung, dem Lieferungshandel die Grenzen anzugeben, innerhalb deren er sich mit Sicherheit bewegen konnte, ohne gegen das Gesetz zu verstoßen. Da die Regierung nicht in der Lage war, den Gegenstand des Verbotes selbst genau zu umgrenzen, so mußte sie durch das Gesetz zum Ausdruck bringen, daß gewisse Geschäfte nicht unter das Verbot des § 50 Absatz 1 fallen sollten. Hierbei stützte sie sich auf den Gesetzentwurf vom 19. 2. 1904, der für das dem effektiven Handel dienende Zeitgeschäft zwei Kennzeichen aufgestellt hatte, einmal die beteiligten Personen und dann den Geschäftsinhalt, Voraussetzungen, welche nach einigen Änderungen in die Novelle § 67 übernommen worden sind.

Was nun zunächst den Börsenterminhandel in Getreide und Mehl anbelangt, so war dieser bereits nach dem Gesetz von 1896 verboten, und auch der § 65 der Novelle enthielt dieses Verbot, das sich gegen Getreide und Produkte der Getreidemüllerei richtet. An Stelle des früheren Wortes „Mühlenfabrikate" war der Ausdruck „Erzeugnisse der Getreidemüllerei" gewählt worden, um dadurch zum Ausdruck zu bringen, daß andere Mühlenfabrikate, z. B. Erzeugnisse der Ölmühlenindustrie (Rüböl), welche früher in der Form des börsenmäßigen Zeitgeschäftes gehandelt wurden, nicht unter dieses Verbot fallen sollten[1]). Unter Getreide sind heute inländische und ausländische Halmfrüchte zu verstehen, wie Roggen, Weizen, Hafer, Gerste, Mais, Hirse, nicht aber sonstige landwirtschaftliche Erzeugnisse, wie Hülsenfrüchte, Lupinen, Raps, Ölsaat, Hanf, Hopfen. Zu den Erzeugnissen der Getreidemüllerei[2]) gehören neben Getreidemehl noch Kleie und Stärke, nicht aber Rüböl. Auf andere Getreidefabrikate als Erzeugnisse der Getreidemüllerei bezieht sich das Verbot des § 65 nicht, also z. B. nicht auf Braumalz[3]).

Eine Definition des „Börsentermingeschäfts" hat der Entwurf absichtlich nicht gegeben, indem er folgendes ausführt: „Die Begriffsbestimmung des Börsentermingeschäftes, wie sie im § 48 des geltenden Gesetzes enthalten ist, hat sich als unzureichend erwiesen. Weder Geschäftsbedingungen, die vom Börsenvorstand festgesetzt sind, noch die amtliche Feststellung von Terminpreisen sind zum Begriff des Börsenterminhandels erforderlich. Daß die Geschäfte auf eine bestimmte Lieferungszeit oder mit einer fest bestimmten Lieferungsfrist geschlossen werden, scheint auch nicht einmal notwendig zu sein. Die Erfahrung hat gelehrt, daß dem Börsentermingeschäft nicht bestimmte Geschäftsformen eigentümlich

[1]) Vgl. Anm. zu § 65, Hemptenmacher, Apt, Nußbaum Kom.

[2]) Unter Müllerei versteht man ein Gewerbe, welches sich mit der Vermahlung von Getreide zwecks Gewinnung von Mehl befaßt. Die Getreidemüllerei ist das älteste und auch heute noch bedeutsamste Nahrungsmittelgewerbe.

[3]) Vgl. Bernstein Kom., § 65 Anm. 1,1.

sind, die es scharf von anderen Zeitgeschäften unterscheiden. Das Zeitgeschäft kann vielmehr der technischen Funktion des Terminhandels in den mannigfachsten Formen dienstbar gemacht werden. Der Beweglichkeit des Handels wird es unschwer gelingen, neue Formen ausfindig zu machen, wenn dem gesetzlichen Begriffe des Börsentermingeschäftes bestimmte Formen zu Grunde gelegt werden. Andererseits ist es nicht ausgeschlossen, daß ein gewöhnliches Zeitgeschäft in Formen zum Abschlusse gelangt, deren sich auch der Terminhandel bedient. Es würde also das wirtschaftliche Gebiet, um dessen Regelung es sich handelt, nicht gedeckt, dagegen außerhalb dieses Gebiets liegende Vorgänge der Absicht zuwider getroffen werden können. Ebensowenig wäre es berechtigt, das Kennzeichen in der Art zu suchen, wie das einzelne Geschäft zur Abwickelung gelangt. Auch Börsentermingeschäfte werden vielfach unmittelbar zwischen den beiden Vertragschließenden durch Lieferung der Ware und Zahlung des Kaufpreises erfüllt, während andererseits gewöhnliche Zeitgeschäfte gemäß § 376 Abs. 1, 2, H. G. B. durch Vergütung des Unterschieds zwischen dem vereinbarten Kaufpreis und dem Börsen- oder Marktpreis zur Zeit und am Orte der geschuldeten Leistung oder in der Weise abgewickelt werden, daß eine Partei ihre Verpflichtung auf ihre Rechnung und Gefahr durch einen Dritten erfüllen läßt. Die Gerichte haben es bisher vermocht, auch ohne gesetzliche Begriffsbestimmung das Wesen des Termingeschäfts zutreffend zu erfassen. Es würde die Durchführung des Gesetzes gefährden, wenn der Rechtsprechung für die Beantwortung der Frage, ob ein Termingeschäft vorliegt, nicht freie Hand gelassen würde[1]."

Ob es nun praktisch gewesen ist, eine Legaldefinition nicht in die Novelle aufzunehmen, wird die Zukunft lehren. Soweit die in den Gesetzesmotiven, der Judikatur und der Wissenschaft hervorgehobenen Wesensmerkmale des Börsentermingeschäftes überhaupt unter einander vereinbar sind, lassen sie sich am ehesten zu folgender Begriffsbestimmung zusammenfassen: „Börsentermingeschäfte sind Kauf- oder

---

[1]) E. II, Begr. II, S. 19.

sonstige Anschaffungsgeschäfte in Waren oder Wertpapieren mit festbestimmter Lieferungszeit oder festbestimmter Lieferungsfrist, welche an oder außerhalb einer Börse zu im wesentlichen den nämlichen typischen Geschäftsbedingungen abgeschlossen werden, zu denen an einer Börse des Inlandes oder Auslandes in Gegenständen derselben Art ein offizieller oder freier Terminhandel stattfindet" [1]). Dem Verbot des § 65 unterliegen demnach nicht Termingeschäfte in Getreide oder Getreidemehl zu individuellen Geschäftsbedingungen [2]), ferner gehören hierher niemals Verträge, bei denen die Lieferungsqualität in individueller Weise bestimmt ist [3]) und ebensowenig Zeitgeschäfte, welche zwar zu typischen, börsenmäßigen Geschäftsbedingungen geschlossen sind, aber nicht den Charakter von Fixgeschäften haben [4]).

Was nun die räumlichen Grenzen des Verbotes anbelangt, so muß hervorgehoben werden, daß Börsentermingeschäfte in Getreide oder Erzeugnissen der Getreidemüllerei, welche im Auslande geschlossen oder zu erfüllen sind, nicht dem Verbot des deutschen Gesetzes unterliegen. Schon vor der Börsengesetznovelle hatte das Reichsgericht in seiner Entscheidung vom 15. Juni 1903 [5]) angenommen, daß der deutsche Gesetzgeber nur innerhalb der Grenzen seines Machtbereiches, also des Inlandes, ein Verbot erlassen könne, und auch die neueren Entscheidungen folgten auf diesem Wege, wie aus dem Urteil vom 12. 2. 1908 [6]) und dem Urteil des OLG. Hamburg vom 25. 6. 1909 zu ersehen ist. Derartige Termingeschäfte sind also, falls sie zwischen termingeschäftsfähigen Kontrahenten geschlossen sind, voll verbindlich, anderenfalls sind die §§ 55—60 anzuwenden. Dagegen finden die §§ 63—70 keine Anwendung auf Geschäfte der Inländer an ausländischen Börsen.

---

[1]) Bernstein Kom., S. 195.

[2]) Bernstein Kom., S. 306 Abs. I, 2, Nußbaum Kom. S. 311, § 65 IIa.

[3]) Nußbaum Kom. S. 311, § 65 IIb.

[4]) Nußbaum Kom. S. 312, § 65 II, Bernstein Kom. S. 306 Abs. I,2.

[5]) RGZ. 55, 183.

[6]) Bankarciv 7, 201 u. Hans. Ger. Ztg. 1910, Hauptbl. S. 7.

Welche zivilrechtlichen Folgen zieht nun eine Verletzung des Verbotes des § 65 nach sich? — Nach § 50 der Regierungsvorlage[1]) sollte durch ein verbotenes Börsentermingeschäft in Getreide und Erzeugnissen der Getreidemüllerei eine Verbindlichkeit nicht begründet werden und eine Rückforderung des bei oder nach der Abwickelung des Geschäfts zu seiner Erfüllung Geleisteten ausgeschlossen sein. Obwohl der Regierungsvertreter[2]) eingehend diesen Vorschlag begründete, wurden doch Bedenken geäußert. So erklärte z. B. ein Redner[3]), daß zwar eine Rückforderungsfrist von 30 Jahren[4]) zu lang sei, doch könne er einer Abschwächung des bestehenden Rechts insoweit nicht zustimmen. Eine Frist von 3 Jahren bilde eine entsprechende Verbesserung, die um so eher zu befürworten sei, als diese dreijährige Frist auch im österreichischen Recht enthalten ist, weshalb er es für zweckmäßig halte, eine gleichmäßige Bestimmung auch bei uns aufzunehmen. Es wurde sogar als wünschenswert bezeichnet, in dieser alle Kulturstaaten interessierenden Frage des Börsenterminhandels in Getreide u. s. w. auf die Möglichkeit einer internationalen Verständigung hinzuwirken, die durch eine mit den österreichischen Bestimmungen harmonierende Verjährungsfrist erleichtert würde. Von anderer Seite wurde darauf hingewiesen, daß man nie außer Acht lassen dürfe, daß der Terminhandel in Getreide durch seine störende Einwirkung auf eine ordnungsgemäße Preisbildung die schwersten wirtschaftlichen Nachteile für weite Kreise haben könne und daß insofern ein öffentliches Interesse vorliege, die Rechtswirkung eines derartigen verbotenen Geschäfts möglichst scharf zu gestalten[5]). Nachdem noch von gegnerischer Seite und von Seiten der Regierung erwidert worden war[6]), daß dieser Frist von drei Jahren jede Rechtssicherheit fehle, während es doch unzweifelhaft die Absicht aller Beteiligten

[1]) E. II, Begr. II, S. 4.

[2]) Komm. Ber. II, S. 52/53.

[3]) daselbst S. 49.

[4]) infolge der Rechtssprechung des RG. durch Anwendung des § 134 B. G. B.

[5]) Komm. Ber. II, S. 49.

[6]) daselbst S. 50.

und auch der Mehrheit des Reichstages sei, die jetzigen unleidlichen Zustände und die herrschende Rechtsunsicherheit definitiv zu beseitigen, gelang es eine Einigung zu erzielen, welche in der Fassung des § 66 zum Gesetz erhoben wurde. Dieser Paragraph spricht im einzelnen die zivilrechtlichen Folgen aus, die ein verbotswidrig abgeschlossenes Börsentermingeschäft in Getreide oder Erzeugnissen der Getreidemüllerei nach sich zieht.

Nach Absatz 1 wird eine Verbindlichkeit nicht begründet, und die Unwirksamkeit erstreckt sich auch auf die Bestellung einer Sicherheit, Bestimmungen, welche denjenigen für die übrigen durch das Gesetz oder den Bundesrat verbotenen Börsentermingeschäften (§ 64 Abs. 1) genau entsprechen. In der Bestimmung des Absatzes 2 „Das Recht, das auf Grund des Geschäfts Geleistete deshalb zurückzufordern, weil nach Absatz 1 Satz 1 eine Verbindlichkeit nicht bestanden hat, erlischt mit dem Ablaufe von zwei Jahren seit der Bewirkung der Leistung, es sei denn, daß der zur Rückforderung Berechtigte vor dem Ablaufe der Frist dem Verpflichteten gegenüber schriftlich erklärt hat, daß er die Herausgabe verlange“ tritt der Kompromißcharakter der Verhandlungen klar zu Tage, indem das durch die reichsgerichtliche Rechtssprechung früher dem verbotenen Termingeschäft gegenüber allgemein gewährte Rückforderungsrecht (vgl. § 64 Abs. 1) aufrecht erhalten worden ist, jedoch mit der zeitlichen Beschränkung von 2 Jahren. Ja, es ist sogar eine Verschärfung des Rückforderungsrechtes insoweit vorgenommen worden, als es auch auf Differenzgeschäfte in Getreide und Erzeugnissen der Getreidemüllerei bezogen ist, welche sich nicht in die Form des Termingeschäftes kleiden (§ 68). Diese Schlechterstellung der verbotenen Börsentermingeschäfte in Getreide und Erzeugnissen der Getreidemüllerei im Verhältnis zu den verbotenen Termingeschäften in Wertpapieren (§ 64 Abs. 1) verfolgt den Zweck, durch Erhöhung der Rechtsunsicherheit in schärferem Maße von dem Abschlusse solcher Geschäfte abzuschrecken[1]).

[1]) Hemptenmacher § 66, Abs. 2.

Die erwähnte zweijährige Frist ist eine Ausschlußfrist, auf welche mangels besonderer gesetzlicher Bestimmungen, z. B. § 124 Abs. 2 B. G. B., die Vorschriften über die Hemmung und Unterbrechung der Verjährung keine Anwendung finden, und bei Geltendmachung des Rückforderungsanspruches ist von Amts wegen zu prüfen, ob diese Frist noch nicht verstrichen ist[1]).

Die Rückforderungsfrist wird gewahrt durch die schriftliche Erklärung — telegraphische Erklärung genügt nicht[2]), — daß der Rückforderungsberechtigte die Herausgabe verlange. Diese Erklärung ist eine empfangsbedürftige Willenserklärung im Sinne des § 130 B. G. B., sie muß daher dem Verpflichteten innerhalb der zweijährigen Rückforderungsfrist zugehen. Ist die Rückforderung frist- und formgerecht geltend gemacht, so verjährt der Rückforderungsanspruch gemäß § 195 B. G. B. erst nach Ablauf von 30 Jahren seit dem Tage der Leistung (§ 198 B. G. B.). Mit fruchtlosem Ablauf der Frist des § 66 Abs. 2 ist nur das Rückforderungsrecht aus § 66 Abs. 1 B. G., § 812 B. G. B. verwirkt.

Der Rückgabeanspruch richtet sich nach den Regeln über ungerechtfertigte Bereicherung (§ 812 B. G. B. ff.). Eine Rückforderung ist demnach nach § 814 B. G. B. ausgeschlossen, wenn der Leistende wußte, daß er zur Leistung nicht verpflichtet war[3]), d. h. wenn er wußte, daß es sich um ein verbotenes Börsentermingeschäft handelte. Dagegen hat das Reichsgericht[4]) entschieden, daß dem Rückfordernden der Einwand nicht entgegen gehalten werden könne, daß die Leistung einer sittlichen Pflicht oder einer auf den Anstand zu nehmenden Rücksicht entsprochen habe (§ 814), oder daß die Rückforderung gegen die guten Sitten verstoße (§ 817). In besonderen Fällen dürfte jedoch der erste Einwand nach der Rechtsprechung des Reichsgerichts

---

[1]) Vgl. hierzu Nußbaum Kom. § 66 II, S. 313, Bernstein S. 307, Neukamp, § 66 Anm. 6 u. 7.

[2]) daselbst.

[3]) Bernstein Kom. S. 306/307, Nußbaum Kom. § 66 III, S. 313.

[4]) RG. vom 15. 6. 1904 (Holdheims Mtsschrift 297) und RGZ. vom 27. Juni 1906 (Bankarchiv 5, 262.)

begründet sein, z. B. wenn der Rückfordernde Kaufmann ist und durch die Rückforderung seine kaufmännische Ehre schädigen würde[1]), wenn z. B. der Rückfordernde früher von seinem Vertragsgegner Gewinne aus verbotenen Geschäften eingestrichen hatte. Das Rückforderungsrecht fällt ferner fort, wenn der Rückfordernde durch Weiterveräußerung oder Verbrauch des Empfangenen zur Rückgewährung außerstande ist. Der Umstand, daß der Leistungsempfänger sich jederzeit wieder Getreide oder Erzeugnisse der Getreidemüllerei zur Rückgewähr an den Verkäufer verschaffen kann, ist unerheblich[2]). Schließlich ist die Rückforderung des Geleisteten noch unstatthaft, wenn der Leistungsempfänger erst nachträglich von der Nichtigkeit des Geschäfts Kenntnis erhält und zu dieser Zeit durch den Empfang der Leistung nicht mehr bereichert ist (§§ 818 Abs. 2, 819 Abs. 1 B. G. B.).

Gemäß Artikel 5 der Novelle vom 8. 5. 1908 bezieht sich § 66 Abs. 2 auch auf verbotene Börsentermingeschäfte in Getreide und Erzeugnissen der Getreidemüllerei, welche bereits vor dem Inkrafttreten der Novelle geschlossen worden sind. Dies gilt auch dann, wenn die Leistung vor Inkrafttreten der Novelle bewirkt war, nur daß in diesem Falle die zweijährige Frist nicht von der Bewirkung der Leistung, sondern von dem Inkrafttreten der Novelle zu rechnen ist[3]).

III. Kapitel.

Der Lieferungshandel unter der Börsengesetznovelle von 1908.

§ 7. Die Voraussetzungen für den Lieferungshandel.

Die Voraussetzungen für den Abschluß des handelsrechtlichen Lieferungsgeschäftes sind im § 67 B. G. festgelegt worden, indem die Regierung unter Bezugnahme auf den

---

[1]) Bernstein Kom. S. 307, II a.

[2]) daselbst S 307, II d.

[3]) Nußbaum Kom. S. 365, Neukamp § 66, Anm. 10.

Gesetzentwurf vom 19. 2. 1904 Kennzeichen in subjektiver und objektiver Beziehung angegeben hat.

In Absatz 1 und 2 werden diejenigen Personen genannt, welche zum Abschluß von Geschäften in Getreide und Erzeugnissen der Getreidemüllerei befugt sind, wobei das Gesetz 2 Gruppen unterscheidet, und zwar

1. Erzeuger oder Verarbeiter von Waren derselben Art, wie die, welche den Gegenstand des Geschäfts bilden, oder
2. solche Kaufleute oder eingetragene Genossenschaften, zu deren Geschäftsbetriebe der Ankauf, der Verkauf oder die Beleihung von Getreide oder Erzeugnissen der Getreidemüllerei gehört.

Auf den ersten Blick geht klar hervor, daß der Gesetzgeber nur ganz bestimmten Personenkategorien das Recht zum Abschluß von Börsengeschäften der nach § 67 B. G. bezeichneten Art gewähren wollte. Nur solche Personen sollten die Vergünstigungen des § 67 genießen, die beruflich an dem Getreide- und Mehlhandel interessiert sind. Die Bestimmungen des § 67 stellen gewissermaßen ein Sonderrecht für die darin erwähnten Kaufleute und Gewerbetreibenden dar, wie dies aus dem Gesetztext „und als Vertragschließende nur beteiligt sind", auch hervorgeht. Bei Geschäften, bei welchen als Vertragspartei auch nur ein „Outsider" teilgenommen hat, kann demnach § 67 nicht zur Anwendung kommen[1]).

Nach dem Entwurfe vom 19. 2. 1904 sollen als Börsentermingeschäfte nicht gelten der Kauf oder die sonstige Anschaffung von Waren, wenn der Abschluß nach Geschäftsbedingungen erfolgt, die der Bundesrat genehmigt hat, und als Vertragschließende nur Erzeuger und Verarbeiter von Waren derselben Art wie die, welche den Gegenstand des Geschäfts bilden, oder solche in das Handelsregister eingetragene Kaufleute oder eingetragene Genossenschaften beteiligt sind, zu deren Geschäftsbetrieb der Ankauf oder Verkauf von Waren der bezeichneten Art gehört[2]).

---

[1]) Bernstein Kom. S. 312, II,1.

[2]) Reichstagsdrucksachen 1903/05 Nr. 244.

Der Entwurf vom 22. 11. 1907[1]) schränkte jedoch diese Kategorie ein, indem als Vertragschließende nur zugelassen wurden

1. Landwirte, deren Jahreserzeugung oder Jahresverbrauch die bei dem Geschäfte gehandelte Menge erreicht, oder
2. solche Kaufleute oder eingetragene Genossenschaften, zu deren Geschäftsbetrieb der Ankauf oder Verkauf von Waren der bezeichneten Art gehört; Handwerker oder Personen, deren Gewerbebetrieb nicht über den Umfang des Kleingewerbes hinausgeht, gehören, auch wenn sie in das Handelsregister eingetragen sind, nicht zu den Kaufleuten im Sinne dieser Vorschrift.

Von den Erzeugern des Entwurfs von 1904 werden wohl in der neuen Vorlage die Landwirte erwähnt, doch muß deren Jahreserzeugung oder Jahresverbrauch die beim Geschäfte gehandelte Menge der Ware erreichen, um börsenmäßige Zeitgeschäfte in Getreide abschließen zu können. Da diese usancemäßige Mindestmenge eines Abschlusses in Berlin 50 Tons beträgt, so setzte diese Regelung immer schon den Besitz eines nicht unbedeutenden Areals voraus, sodaß also auf diese Weise die kleinen Landwirte vom Lieferungshandel ausgeschlossen wurden[2]). Nach den Erklärungen der Regierung war diese Bestimmung jedoch nicht mit Rücksicht auf die Börse, sondern im eigensten Interesse der Landwirtschaft aufgenommen, um großen Betrieben die erforderliche freie Beweglichkeit auf dem Markte zu lassen. Als Landwirte sind nicht nur gelernte Landwirte, sondern auch Erzeuger und Verbraucher in Getreide, sowohl in eigenen wie in gepachteten Betrieben, anzusehen[3]). Die Abgrenzung nach der Höhe und Erzeugung des Verbrauchs war freilich nicht scharf, wenn man aber nicht auch den kleinsten Bauer zulassen wollte, so mußte eine solche Begrenzung platzgreifen. Andererseits war die Größe des bewirtschafteten

[1]) E. II, Begr. II.
[2]) daselbst S. 24.
[3]) Komm Ber. II S. 30.

Besitzes kein geeignetes Kennzeichen, denn es gibt recht beträchtliche Güter, auf denen noch nicht 50 Tonnen Getreide gebaut werden[1]).

Der Verarbeiter, zu denen auch z. B. die Müller gehören, wird in der Vorlage von 1906 nicht Erwähnung getan. Ein kleiner Lohnmüller wird daher zum Zeithandel nicht zugelassen werden können, während die größeren Mühlenbesitzer Kaufmannseigenschaft besitzen müssen.

Hinsichtlich der in Ziffer 2 genannten Kaufleute und eingetragenen Genossenschaften unterscheidet sich die Regierungsvorlage von 1906 vom Entwurfe 1904 dadurch, daß sie das Recht zum Abschluß gültiger Zeitgeschäfte nur den Vollkaufleuten gewähren will. Handwerker oder Personen, deren Gewerbebetrieb nicht über den Umfang des Kleingewerbes hinausgeht, sollen, auch wenn sie in das Handelsregister eingetragen sind, diese Vergünstigung nicht genießen. Als Kaufleute im Sinne des § 50 Abs. 2 gelten auch die Handelsgeschaften, auf welche nach § 6 H. G. B. die inbetreff der Kaufleute gegebenen Vorschriften Anwendung finden[2]). Die Regierung hielt es nicht für angebracht, den Personenkreis noch schärfer abzugrenzen, sodaß in keinem Falle Zweifel über die Zugehörigkeit des Einzelnen entstehen konnten und überließ es dem soliden Handel, sich von zweifelhaften Fällen fernzuhalten.

Die Regierungsvorlage, welche nach der ersten Lesung am 13. 12. 1907 einer Kommission überwiesen wurde, erfuhr, nachdem sie von dieser in je zwei Lesungen eingehend geprüft worden war, verschiedene Abänderungen. Von einer Seite wurde z. B. empfohlen, das Wort „Landwirt" des Entwurfs zu ersetzen durch die Worte „Besitzer, Nutznießer oder Pächter von landwirtschaftlich genutzten Grundstücken[3])". Von anderer Seite wurde der Antrag gestellt, die Worte „deren Jahreserzeugnis oder Jahresverbrauch die bei dem Geschäfte gehandelte Menge der Ware erreicht" zu streichen, weil jeder Landwirt hierdurch berechtigt sein würde, das

[1]) Komm. Ber. II S. 30.

[2]) E. II, Begr. II S. 25

[3]) Komm. Ber. II S. 24.

von ihm erzeugte Quantum in Getreide, so oft er wollte, zu verkaufen, was doch entschieden nicht in der Absicht des Gesetzgebers liege. Auch sei eine Prüfung für die Gegenkontrahenten schwer, ob der Landwirt nicht bereits anderweit sein Jahresquantum verkauft habe [1]). Ferner wurde die Streichung der Ziffer 2 empfohlen, weil entgegen dem öffentlichen Glauben des Handelsregisters Handwerker usw., auch wenn sie im Handelsregister eingetragen sind, von der Kaufmannsqualität ausgeschlossen werden. Ein solcher Eingriff in das heute bestehende Recht und die dadurch erzielte Beschränkung des öffentlichen Glaubens des Handelsregisters sei zu verwerfen, um so mehr, als der Vorschlag der Regierung zu den laugwierigsten Prozessen führen könnte. Wenn nicht einmal der Handelsregisterrichter in der Lage gewesen sei, festzustellen, ob ein Handwerker in das Handelsregister gehöre oder nicht, so könne man dies noch viel weniger von einem Laien verlangen. Es sei jedenfalls zweckmäßiger, durch Vermittelung der Landesjustizbehörden die Richter anzuweisen, bei Einträgen in das Handelsregister genauer zu unterscheiden, ob gewisse Kategorien von Handeltreibenden in ihm Aufnahme zu finden haben oder nicht [2]).

Nach eingehender Prüfung der gestellten Anträge beschloß die Kommission in zweiter Lesung, daß die Börsenterminfähigkeit zum Abschluß von Zeitgeschäften in Getreide u. s. w. auf

1. Erzeuger oder Vorarbeiter von Waren derselben Art, wie die, welche den Gegenstand des Geschäfts bilden, und
2. solche Kaufleute oder eingetragene Genossenschaften, zu deren Geschäftsbetrieb der Ankauf, der Verkauf oder die Beleihung von Getreide oder Erzeugnissen der Getreidemüllerei gehört,

ausgedehnt werden sollte, wie es jetzt der § 67 B. G. bestimmt.

Die erste Gruppe umfaßt die Erzeuger und Verarbeiter. Als Erzeuger von Getreide ist derjenige anzusehen, welcher

[1]) Komm. Ber. II. S. 27.

[2]) E. II, Begr. II S. 27/28.

im eigenen Namen oder auf eigene Rechnung das Getreide erzeugt. Ob diese Erzeugung im eigenen oder gepachteten landwirtschaftlichen Betriebe erfolgt, ist unerheblich. Auch ist es bedeutungslos, ob sie im Haupt- oder Nebengewerbe vor sich geht, und ob der Erzeuger den Betrieb selbst leitet oder andere mit der Leitung beauftragt. Schließlich ist es auch von untergeordneter Bedeutung, welchen Umfang die Produktion annimmt, und ob zum Abschluß solcher Geschäfte überhaupt ein Bedürfnis vorhanden ist. Es kommt nur darauf an, daß der Vertragschließende auch wirklich selbst produziert. Verpachtet der Landwirt A. sein Gut an den Rentier B., so gilt als Erzeuger des gewonnenen Getreides einzig und allein der Pächter B., und nur dieser ist zum Abschluß der Zeitgeschäfte nach § 67 befähigt[1]). In der Praxis des Börsenverkehrs — dies wird auch von Nußbaum, Ztschr. Seite 429 hervorgehoben — vertritt man den Standpunkt, daß diese Erzeugung der zu liefernden Waren nicht den wesentlichen Inhalt der Geschäfts- bezw. Berufstätigkeit des Kontrahenten zu bilden braucht, um die Fähigkeit der Teilnahme am Lieferungshandel zu begründen, sondern es genügt dazu, wenn die Erzeugung im Rahmen der Geschäfts- oder Berufstätigkeit des Kontrahenten liegt.

Als Verarbeiter werden, analog § 1 H. G. B. und § 950 B. G. B. solche Personen zu verstehen sein, die neue Stoffe herstellen. Das über den Erzeuger oben Bemerkte gilt auch hinsichtlich des Verarbeiters, also z. B. für den Landwirt, der auf seinem Gute das Getreide zum Säen gebraucht. Aus welchem Grunde Staub[2]) das Verbrauchen von Getreide als Viehfutter „Verarbeiten“ nennt, ist nicht verständlich, wohl wäre es dagegen angebracht, wenn in Ziffer 1 § 67 neben den Erzeugern und Verarbeitern noch die Massenverbraucher erwähnt worden wären[3]). Als Verarbeiter von Getreide u. s. w. werden noch anzusehen sein der Müller, und zwar der kleine Lohnmüller wie der Großmüller, der Bäcker, ferner die Getreidereinigungs- und Putzanstalten,

---

[1]) Vgl. Staub Nachtr. Anm. 121 S. 55.

[2]) daselbst.

[3]) dies wird z. B. von Bernstein Kom. S. 312 befürwortet.

Brauereien, Mälzereien, Getreidebrennereien, Malzbrennereien u. s. w.[1]).

Die Erzeugung oder Verarbeitung muß sich auf Waren derselben Art erstrecken, wie diejenigen, welche den Gegenstand des Geschäfts bilden. Es können daher Landwirte, die nur Roggen bauen, auch nur Lieferungsgeschäfte in diesen Produkten abschließen, nicht dagegen in Weizen. Die Müller werden nur in denjenigen Arten von Getreide, die sie verarbeiten, und in Roggenmehl, wenn sie solches in ihrem Mühlenbetriebe erzeugen, am Zeithandel teilnehmen können.

Die Hereinziehung der Landwirte, Müller und Bäcker in den Kreis der Termingeschäftsfähigkeit wird kaum von praktischer Bedeutung sein, da der Kauf oder Verkauf von Getreide u. s. w. regelmäßig besondere Vereinbarungen in Bezug auf Zeit und Ort der Lieferung bedingen wird. Ist dieses aber der Fall, so werden diese Geschäfte nicht nach den vom Bundesrat genehmigten Geschäftsbedingungen abgeschlossen, fallen also deshalb nicht unter die Vorschriften dieses §, andererseits entbehren sie dann aber auch des typischen börsenmäßigen Vertragsinhalts und werden deshalb auch nicht durch das Verbot des § 65 B. G. betroffen. Für die erwähnten Kategorien von Personen werden daher die ihnen erlaubten Börsentermingeschäfte nur insofern in Betracht kommen, als sie beim Abschluß von Lieferungskäufen oder Lieferungsverkäufen, welche sie in ihrem Betriebe nicht börsenmäßig abschließen, die Möglichkeit gewinnen, sich gegen Nachteile, die ihnen durch eine ungünstige Preisentwickelung bis zur Zeit der Annahme oder Lieferung aus jenen Geschäften entstehen könnten, durch entsprechende Börsentermingeschäfte versichern zu können[2]).

Die geschilderte Börsentermingeschäftsfähigkeit muß in dem Zeitpunkt, in welchem das betreffende Geschäft abgeschlossen wird, vorliegen. Der § 67 unterscheidet sich hierin vom § 53, welcher diese Eigenschaft auch solchen Personen gewährt hat, die bereits früher berufsmäßig Börsen-

[1]) Kahn, S. 306.

[2]) Hemptenmacher § 67, Anm. 4, S. 219.

termingeschäfte oder Bankiergeschäfte getrieben haben oder zum Besuch einer Börse, welche dem Handel mit Waren der bei dem Geschäft in Frage kommenden Art dient, mit der Befugnis zur Teilnahme am Börsenhandel dauernd zugelassen waren. Jedoch darf dies Erfordernis nach § 67 nicht überspannt werden, und man wird unbedenklich § 67 anwenden können, wenn der Käufer eines landwirtschaftlichen Grundstückes sich schon vor der Übergabe veranlaßt findet, im Hinblick auf die künftige Ernte Getreidezeitgeschäfte abzuschließen [1]).

Der in Ziffer 2 umschriebene Personenkreis umfaßt diejenigen Gewerbetreibenden, für welche die Börsentermingeschäfte das Mittel bieten, sich gegen Nachteile aus ungünstiger Preisentwickelung versichern zu können. Dahin gehören die Importeure ausländischen Getreides, die Getreidehändler und landwirtschaftlichen Genossenschaften, welche im Inlande das Getreide von den Landwirten kaufen und an andere Händler oder Verbraucher weiter verkaufen, die kaufmännisch betriebenen Mühlen, welche Getreide kaufen und Mehl verkaufen, die Fouragehändler in Hafer und Mais, sowie alle diejenigen Händler, welche die Versorgung des Konsums mit Mehl bewirken. Alle diese Gewerbetreibenden werden regelmäßig die Käufe von dem Produzenten und die Verkäufe an die Konsumenten nicht börsenmäßig, sondern nach besonderen, der Lage des einzelnen Falles angepaßten Bedingungen bewirken. Insoweit sie dies auf spätere Lieferung und zu festen Preisen tun, gehen sie eine Spekulation ein, sofern es ihnen nicht gelingt, das Gegengeschäft, beim Kauf vom Produzenten durch Verkauf an den Konsumenten und umgekehrt sofort zu machen [2]).

Die Börsentermingeschäftsfähigkeit der in Ziffer 2 genannten Personen und Firmen zum Abschluß von handelsrechtlichen Zeitgeschäften in Getreide usw. ist weitergehender, als diejenige der in Ziffer 1 Genannten, steht doch den Gewerbetreibenden sub Ziffer 2 das Recht zu, in allen Arten von Getreide usw. Zeitgeschäfte abzuschließen. Die Gleich-

---

[1]) Bernstein Kom. S. 313.

[2]) Hemptenmacher, S. 219/220.

artigkeit der Ware ist also nicht Bedingung, weshalb z. B. eine Getreidefirma, die nur Roggen oder Weizen handelt, auch Termingeschäfte in Mais abschließen kann, und ein Brauer, der nur Gerste zu beziehen pflegt, wird auch Geschäfte der hier erwähnten Art in Roggen und Mais eingehen können.

Als Kaufleute im Sinne des § 67 gelten sowohl Voll- wie Minderkaufleute, also auch Handwerker, welche ein Handelsgewerbe betreiben, z. B. Bäcker und Konditoren. Einer Eintragung in das Handelsregister bedarf es nicht. Diesen Kaufleuten[1]) hat die Novelle die Bankiers gleichgestellt, um ihnen die Möglichkeit zu geben, ihre Beleihungsgeschäfte in Getreide u. s. w. mit rechtlicher Wirksamkeit abschließen zu können, da sie mit ihrem Kapital am Mehl- und Getreidehandel beteiligt sind. Daß nun die Kaufleute und Genossenschaften ständig Geschäfte der bezeichneten Art abschließen müssen, ist nicht erforderlich; es wird als genügend anzusehen seien, wenn der Geschäftszweig, welchem der Gewerbetreibende obliegt, seiner Natur nach Geschäfte der betreffenden Art mit sich bringen kann. Apt[2]) spricht dem Bankier die Berechtigung zum Lieferungshandel allgemein zu, da zu seinem Geschäftsbetrieb auch das Warenlombardgeschäft gehört. Nach Bernstein[3]) ist er auch dann zum Abschluß von Zeitgeschäften nach § 67 berechtigt, wenn er bisher sich mit Gewährung von Lombarddarlehen auf Getreide oder Mehl noch nicht befaßt hat. Kahn[4]) spricht ihm nur dann die Legitimation zu, wenn er Lagerscheine über Getreide u. s. w. beleiht. Auch Nußbaum vertrat er in seinem Kommentar, Seite 317, noch diese Ansicht und wollte im einzelnen Falle die Art des bankgeschäftlichen Betriebes entscheiden lassen. Neuerdings[5]) berichtigt er nun seine Ansicht und will die Legitimation nur solchen Personen ge-

[1]) Die Bestimmung betreffend den Ausschluß der Minderkaufleute wurde in der Kommission gestrichen; vgl. oben Näheres.

[2]) S. 204, Anm. 8.

[3]) S. 314; ferner Neukamp S. 307 und Staub Nachtr. Anm. 122, S. 56.

[4]) S. 307, oben.

[5]) Ztschrift S. 430/431.

währen, die nach Art ihres Gewerbes mit dem Getreide- und Mehlhandel zu tun haben. Es erscheint ihm daher unannehmbar, den § 67 auf jede Art Bankier, also z. B. auch auf Remisiers, Maklerbanken, Effektenarbitrageure, Kuxenhändler u. s. w. zu beziehen, welcher Meinung wohl beizupflichten ist.

Gleichzeitig mit der Begrenzung des Interessenkreises sind auch die objektiven Voraussetzungen in § 67 festgelegt worden. Das Gesetz verlangt das Vorliegen eines Kauf- oder sonstigen Anschaffungsgeschäfts in Getreide u. s. w., das nach bestimmten Geschäftsbedingungen abgeschlossen werden muß. Was nun zunächst das Kauf- oder sonstige Anschaffungsgeschäft anbelangt, so entspricht diese Terminologie der Ausdrucksweise der Tarifnummer 4a des Reichsstempelgesetzes vom 3. Juli 1906, jedoch mit Unrecht. Die Worte „oder sonstige Anschaffungsgeschäfte" sind in den hier in Rede stehenden Fällen praktisch bedeutungslos, denn es gibt an der Börse keine anderen Geschäfte als Kaufgeschäfte[1]).

Hinsichtlich der Geschäfsbedingungen ist zu bemerken, daß diese vom Bundesrat genehmigt sein müssen. Eine Verpflichtung zur Erteilung dieser Genehmigung besteht für den Bundesrat zwar nicht, doch wird sie stets erfolgen, wenn der Inhalt den in § 67 Abs. 2 Ziffer 1—3 festgesezten speziellen Vorschriften genügt. Der Entwurf von 1904 bestimmte in § 48 nur allgemein: „Der Abschluß muß nach Geschäftsbedingungen erfolgen, die der Bundesrat genehmigt hat". Bei den Beratungen des Entwurfs von 1907 bestand in der Reichstagskommission Einverständnis darüber, daß die Bedingungen des Berliner Schlußscheins zweckentsprechend wären. Diese Geschäftsbedingungen nun vollinhaltlich in das Gesetz selbst aufzunehmen, erschien nicht empfehlenswert; handelte es sich doch zum großen Teil um für den Charakter des Geschäfts ganz nebensächliche Bestimmungen, beispielsweise über die Speicher, an denen abgenommen werden muß. Eine Änderung an den Speicherverhältnissen konnte also eine Gesetzesveränderung notwendig

[1]) Kahn, S. 304/305.

machen, abgesehen davon, daß die Bedingungen an den einzelnen Börsen verschieden sind. Der Vorschlag des jetzigen Entwurfs ging dahin, alle Punkte, die für das Wesen von besonderer Bedeutung sind, im Gesetz selbst festzulegen [1]). Man einigte sich deshalb dahin, daß Zeitgeschäfte unter den obengenannten Personen zum Börsenhandel zugelassen werden sollten, wenn in den Geschäftsbedingungen folgende Normen festgesetzt sind (§ 66 Abs. 2):

1. daß im Falle des Verzuges der nichtsäumige Teil die Annahme der Leistung nicht ablehnen kann, ohne dem säumigen Teile eine angemessene Frist zur Bewirkung der Leistung zu bestimmen;
2. daß nur eine Ware geliefert werden darf, die vor der Erklärung der Lieferungsbereitschaft (Andienung) von beeidigten Sachverständigen untersucht und lieferbar befunden worden ist;
3. daß auch eine nicht vertragsmäßig beschaffene Ware geliefert werden darf, wenn der Minderwert nach der Feststellung der Sachverständigen eine bestimmte Höhe nicht überschreitet und dem Käufer vergütet wird, sowie daß ein von den Sachverständigen festgestellter Mehrwert bis zu einer bestimmten Höhe dem Verkäufer zu vergüten ist.

Kurze Zeit nach Annahme des Börsengesetzes im Reichstage änderte der Verein Berliner Getreide- und Produktenhändler seine Schlußscheinbedingungen entsprechend den neuen Vorschriften ab und reichte sie dem Bundesrat zur Genehmigung ein, die laut Bekanntmachung des Reichskanzlers unter dem 29. Mai 1908 (R. G. Bl. No. 28 S. 240) erfolgte. Merkwürdigerweise verhielt sich die Hamburger Börse ablehnend, während die Mitglieder der Mannheimer und der Danziger Börse im Jahre 1909 beim Bundesrat die Genehmigung der zu einem Zeitgeschäft erforderlichen Schlußscheinbedindungen nachsuchten und auch erhielten (Bekanntmachung vom 27. 12. 1909, R. G. Bl. S. 997 ff. und Bekanntmachung vom 14. 12. 1909, R. G. Bl. S. 993 ff.). Diese Schlußscheinbedingungen schließen sich im wesentlichen

[1]) E. II, Begr. II, S. 25.

dem Wortlaut der Berliner Bestimmungen an und weichen nur in ganz unwesentlichen Punkten von jenen ab. In Berlin sind zum Zeithandel Weizen, Roggen, Hafer, Mais in Mengen von 50 Tonnen oder einem Vielfachen davon — die Tonne zu 1000 kg. — und als einziges Produkt der Getreidemüllerei Roggenmehl in Mengen von 300 Sack zu 100 kg. brutto zugelassen. Gegenstand des Lieferungshandels in Mannheim und Danzig sind Weizen, Roggen, Hafer, Mais bezw. Weizen, Roggen, Hafer. Seit Juni 1910 macht sich auch im Rheinland das Bestreben bemerkbar, ein handelsrechtliches Lieferungsgeschäft einzurichten, und namentlich im Juni 1910 fand ein lebhafter Meinungsaustausch in der Presse darüber statt, ob das Zeitgeschäft in Duisburg-Ruhrort, Düsseldorf oder Köln eingerichtet werden sollte.

Als wichtigster Punkt in den Geschäftsbedingungen ist die Nachfristklausel zu erwähnen, d. h. die vom Gesetzgeber getroffene Vorschrift, daß im Falle des Erfüllungsverzuges der nichtsäumige Teil dem säumigen eine angemessene Frist zur Bewirkung der Leistung einräumen muß, ehe er die Annahme der Leistung verweigern kann (§ 326 Abs. 1 B. G. B.). Die Aufnahme dieser Klausel in das Gesetz erfolgte aus zwei Gründen. Einmal ist sie dasjenige Merkmal, welches den Geschäften nach § 67 den Charakter des Fixgeschäftes (§ 376 H. G. B.) nimmt, sie ist dasjenige Kennzeichen, welches das verbotene Termingeschäft des § 65 und das erlaubte Lieferungsgeschäft des § 67 begrifflich scheidet[1]). Der Gesetzgeber ging hierbei von der Annahme aus, daß durch die Beseitigung des Fixcharakters der Geschäfte der Börsenterminhandel erschwert werden sollte. Es ist auch nicht zu verkennen, daß durch diese Bestimmung die Lage des gutgläubigen Käufers, der im Vertrauen auf rechtzeitige vertragsmäßige Lieferung weiterverkauft hatte, wesentlich verschlechtert wird. Er hat dann nur die Wahl, ob er sich auch seinerseits gegenüber seinem Kaufer in Erfüllungsverzug setzen und damit sein geschäftliches Ansehen gefährden will, oder ob er durch anderweitigen Ankauf der Ware behufs

---

[1]) Hemptenmacher, Anm. 8, S. 221, Nußbaum Ztschr. 431, II und Kom. S. 318, § 67, IIIa.

Erfüllung seiner Lieferungsverpflichtung das Risiko des Preisunterschiedes bis zum Ablauf der Nachfrist übernehmen will. Die Bestimmung wird also zu besonderer Vorsicht bei Prüfung der Person der Vertragschließenden Veranlassung geben[1]). In zweiter Linie dient die Aufnahme der Nachfristklausel auch dazu, dem säumigen Teil einen Schutz zu gewähren. Nach § 326 Abs. 2 B. G. B. hat der nichtsäumige Teil das Recht, falls die Erfüllung des Vertrags infolge des Verzugs des anderen Teiles kein Interesse für ihn hat, Schadenersatz wegen Nichterfüllung zu verlangen oder von dem Vertrage zurückzutreten. Deshalb darf der Anspruch auf Nachfristgewährung weder in den allgemeinen Geschäftsbedingungen noch in einem einzelnen Falle durch besondere Vereinbarungen beschränkt werden, also z. B. nicht durch die Bestimmung, daß der säumige Teil nur dann Anspruch auf die Nachfrist haben sollte, wenn er ihre Gewährung bestimmte Zeit vor der Fälligkeit nachgesucht hat[2]). Ferner ist der Ausschluß dieser Nachfristklausel nicht statthaft, weil er sonst dem Geschäfte den Charakter des Lieferungsgeschäftes nehmen würde[3]). Verbirgt sich in der angeblichen Nachfristklausel nur eine „fixe Prolongation", oder ist sie überhaupt simuliert, so steht der Anwendung der Vorschriften über den Börsenterminhandel nichts im Wege, falls dessen sonstige Erfordernisse gegeben sind[4]). Nach dem Gesetz soll die Nachfrist angemessen sein! Bei Beurteilung der Angemessenheit dieser Frist wird, da sich besondere Regeln über die Dauer noch nicht herausgebildet haben, die Möglichkeit in Betracht gezogen werden müssen, das Versäumte nachzuholen, also die betreffende Ware an der Börse einzudecken, sodaß unter Umständen ein Zeitraum von 3—4 Tagen als ausreichend anzusehen sein wird. Von vorn herein[5]) eine bestimmte Nachfrist als angemessen für

[1]) Hemptenmacher S. 221, Anm. 8.

[2]) Bernstein Kom. S. 313.

[3]) Staub Nachtr. Anm. 122, S. 56, Kahn, Anm. 4, ad 1 S. 307.

[4]) Nußbaum Kom. Abs. 57 S. 236.

[5]) Staub Nachtr. Anm. 123 S. 55/56. Die unter V. und VI. der Geschäftsbedingungen der Produktenbörse zu Berlin festgesetzte Frist von 5 und 6 Tagen ist keine Nachfrist im Sinne des § 67 II Z. 1,

bestimmte Geschäfte festzusetzen, würde der Anwendbarkeit des § 67 zuwider laufen, denn die schablonenmäßige Anwendung der von der Börsenordnung für sämtliche Parteien festgesetzten Frist könnte dem Geschäft leicht den Charakter des Fixgeschäftes geben, was doch vermieden werden soll. Es ist auch unzulässig, diese Frist der Höchstdauer nach zu begrenzen; dagegen wird es statthaft sein, von vorn herein die Mindestdauer anzugeben. Erst nachdem die Nachfrist versäumt worden ist, wird der nichtsäumige Teil Schadenersatz verlangen können. Es ist jedoch zu bemerken, daß von der Nachfrist in den allerseltensten Gebrauch gemacht wird, d. h. nur dann, wenn wirklich unverschuldeter Weise die Lieferung verzögert worden ist.

Die in den Absatz 2 Ziffer 2 aufgenommene Bestimmung, daß nur eine Ware geliefert werden darf, die vor der Erklärung der Lieferungsbereitschaft (Andienung) von beeidigten Sachverständigen untersucht und lieferbar gefunden worden ist, bezweckt der vor Erlaß des Börsengesetzes von 1896 vorgekommenen mißbräuchlichen Benutzung unkontraktmäßiger Ware zur Andienung vorzubeugen. Im Börsenterminhandel in Waren besteht bekanntlich kein bestimmter Lieferungstag, vielmehr pflegt man eine Lieferungszeit von regelmäßig einem Monat zu verabreden, innerhalb deren der Verkäufer nach erfolgter Kündigung das Recht zur Lieferung hat. Schon nach früherem Rechte war die Frage streitig, ob mit der Ankündigung des Verkäufers, seinen Verpflichtungen durch Lieferung einer zum Zwecke der Übergabe vorgewiesenen und bereitstehenden Ware nachkommen zu wollen, sein Bestimmungsrecht erschöpft sei, sodaß er in Erfüllungsverzug geriet, wenn sich bei der Untersuchung durch den Käufer herausstellte, daß die angekündigte Ware wegen Mangels der vertragsmäßigen Eigenschaften zur Erfüllung des Vertrages nicht geeignet war. In der Praxis wurde die Frage verneint. Die Andienung galt in diesem Falle als nicht geschehen, und der Verkäufer

---

B. G. u. § 326 B. G. B., sondern nur eine Abnahmefrist. Die Vorschriften bezüglich der Nachfrist enthält Abs. VII, A. A. Neukamp § 67, Anm. 10.

konnte bis zum Ablauf der Lieferungszeit von neuem andienen, unter Umständen sogar die vertragswidrige Ware anderweitig zu Kündigungszwecken gebrauchen. Daß hierdurch erhebliche Mißstände eintreten mußten, wurde von der Börsenenquetekommission anerkannt, die deshalb drei Vorschläge machte, nämlich 1. sollte nur von Sachverständigen geprüfte und für lieferbar befundene Ware zur Andienung benutzt werden, 2. wurde vorgeschlagen, daß der Käufer im Falle der Andienung unkontraktlicher Ware das Recht haben sollte, auch vor endgültigem Ablauf der Lieferungsfrist die gesetzlichen Verzugsfolgen geltend zu machen, 3. sollte ihm die Befugnis eingeräumt werden, die lieferungsunfähige Ware zu dem von den Sachverständigen festzustellenden Werte zu übernehmen. Die Börsenenquetekommission nahm jedoch mit Rücksicht auf die lokalen Einrichtungen einzelner Börsen davon Abstand, die Feststellung der Lieferungsfähigkeit vor der Andienung unbedingt zu verlangen, sie befürwortete nur, daß, soweit es möglich wäre, Anordnungen getroffen werden sollten, um die Feststellung der Lieferbarkeit der Waren vor ihrer Andienung zu bewirken. Berlin traf für die Lieferbarkeit des Getreides bereits vor der Einführung des neuen Gesetzes besondere Bestimmungen, sodaß hierin durch die Novelle keine Änderung geschaffen wurde. Es erübrigt sich daher, diese Bestimmungen, die bereits oben genau angegeben worden sind, hier noch einmal zu wiederholen. Die Schlußscheine für die übrigen Getreidearten haben den gleichen Wortlaut, wie der für Weizen, abweichend ist nur die Qualitätsbestimmung, und es genügt, diese noch kennen zu lernen. Bei Roggen wird verlangt: Guter, gesunder, trockener Roggen, frei von Darrgeruch, mit einem Normalgewicht von 712 gr für das Liter. Das Gleiche gilt für Hafer. Auch hier wird bedungen: Guter, gesunder, trockener Hafer, frei von Darrgeruch mit einem Normalgewicht von 450 gr für das Liter. Bei Mais lautet die Bedingung: Guter, gesunder Mais. Bei Roggenmehl wird verlangt: Gutes, gesundes Roggenmehl No. 0 und 1 getrennt, nach den von Sachverständigen, welche für Mehl von der Handelskammer zu Berlin öffentlich angestellt und beeidigt sind, festgestellten Typen. Das Mehl ist in guten, dichten, ungezeichneten Säcken, die 74—80 ctm. breit und 116—125 ctm. lang sind, zu liefern. Die Säcke sind mit Plomben zu versehen, auf denen die Bezeichnung der Art und Nummer deutlich ausgeprägt ist. Ist die Lieferbarkeit des Getreides u. s. w: festgestellt, so hat dies die Wirkung, daß der Käufer die Ware als gehörig angedient gelten lassen muß, doch ist damit noch nicht enschieden, ob sie auch vertragsmäßig beschaffen ist. (Vgl. hierüber weiter unten).

Zwischen dem Danziger Getreidelieferungshandel und dem Berliner sowie Mannheimer befindet sich noch ein prinzipieller Unterschied darin, daß in Danzig ein offizielles Kündigungsverfahren[1]) zugelassen ist, wie es vor dem Inkrafttreten des Börsengesetzes auch in Berlin bestanden hat. Die Kündigung ist eine „verfeinerte Andienung." Durch das Kündigungsverfahren wird einerseits die Zirkulation des Andienungsscheines, andererseits die Abrechnung unter den Beteiligten unter Zugrundelegung eines dem Liquidationspreise der Fondsbörse entsprechenden „Regulierungspreises" bedeutent erleichtert, wodurch die Fungibilität des Getreides verschärft, also der Lieferungshandel dem Terminhandel näher gebracht wird. Daß nun Danzig hierbei eine Ausnahme von den übrigen deutschen Börsen macht, besonders aber von Berlin, beruht, wie auch Nußbaum[2]) noch hervorhebt, auf agrarpolitischen Gründen, nämlich der Einengung des Getreideimportes und der Förderung des Exportes. Berlin ist die Zentrale des deutschen Getreideimporthandels, während Danzig für den Getreideexport der ostpreußischen Provinzen als Umschlagsplatz in Betracht kommt. Dieselben Gründe, die nun vom Standpunkt der Politik aus es wünschenswert erscheinen lassen, den Berliner Lieferungshandel auf einer technisch unvollkommenen Stufe zu halten, müssen

[1]) Die nicht im Buchhandel erschienene „Kündigungsordnung und Prüfungsordnung" zu den Geschäftsbedingungen der Danziger Börse für den Zeithandel in Getreide ist in der Zeitschrift f. d. ges. Handelsrecht u. Konkursrecht, Bd. 69, 3. u. 4. Heft S. 449ff. abgedruckt.

[2]) Ztschr., S. 438.

deshalb dahin führen, die Entwickelung des Danziger Getreidehandels zu begünstigen.

Als dritter wesentlicher Punkt der Geschäftsbedingungen ist noch hervorzuheben, daß gemäß § 67 Abs. 2 Ziffer 3 auch nicht vertragsmäßig beschaffene Ware geliefert werden darf, wenn der Minderwert nach der Feststellung der Sachverständigen eine bestimmte Höhe nicht überschreitet und dem Käufer der Minderwert vergütet wird. Ebenso muß ein von Sachverständigen festgestellter Mehrwert bis zu einer bestimmten Höhe dem Verkäufer vergütet werden. Auch hinsichtlich dieses geringen Mehr- oder Minderwertes, welcher nur den Preis, nicht aber die Lieferbarkeit des Getreides berührt, bleibt es bei den vor der Einführung der Novelle festgesetzten, oben bereits angegebenen Bestimmungen, doch sei noch hervorgehoben, daß nach den Berliner Geschäftsbedingungen sub IV die zulässige Höhe des Mehr- oder Minderwertes bei Roggenmehl 25 Pfg. für 100 Kg. beträgt. Ergibt sich durch die Untersuchung ein Minderwert der Säcke bis zu durchschnittlich 10 Pfg. für das Stück, so ist der Käufer zur Abnahme unter Abzug des Minderwertes verpflichtet. Bei einem höheren Minderwerte der Säcke ist die Ware nicht lieferbar. Die Bestimmung im Abs. 2 Ziffer 3 des § 67 B. G. soll ebenfalls dazu dienen, eine Verminderung der Abschlüsse von handelsrechtlichen Lieferungsgeschäften herbeizuführen. Häufig läßt sich auf dem Markte nicht völlig vertragsmäßige Ware beschaffen, und kleinere Abweichungen innerhalb der usancemäßigen Qualität kommen vielfach vor. Solch mit kleineren Mängeln behaftetes Getreide oder Mehl darf der Käufer nicht zurückweisen, um dann daraus die Verzugsfolgen herzuleiten. Würde nur solches Getreide für lieferbar erklärt werden, welches genau der Type entspricht, so würde bei den unvermeidlichen Abweichungen der tatsächlich zur Lieferung gelangenden Ware von der Type jedesmal die Herbeischaffung anderer Ware zur Erfüllung notwendig werden, oder es müßte Zwangskauf veranlaßt und die tatsächlich herangeschaffte, nicht völlig vertragsmäßig beschaffene Ware im Wege des Lokogeschäftes verkauft werden; dadurch würden aber voraussichtlich leicht ungerechtfertigte Preisschwankungen im Markte veranlaßt werden, weil die Geschäfte unter einer Zwangslage abzuschließen wären, weshalb bestimmte Abweichungen nach der schlechteren oder besseren Seite hin zugelassen worden sind. Hierbei kann es sich natürlich nur um unbedeutende Abweichungen handeln, da dem Verkäufer nicht zugemutet werden kann, eine wesentlich schlechtere oder wesentlich bessere Ware, als vereinbart worden ist, gelten zu lassen.

Sind nun die oben erwähnten subjektiven Voraussetzungen erfüllt, so ist das abgeschlossene handelsrechtliche Lieferungsgeschäft vollgültig und die etwaigen Sicherheitsbestellungen, Bürgschaften, Vergleiche usw. vollwirksam. Die im § 67 umschriebenen Geschäfte werden, auch wenn sie alle Merkmale der Börsentermingeschäfte haben, als nicht unter das Verbot des § 65 fallend, ausgenommen. Die Verwandtschaft mit dem Börsentermingeschäft zeigt sich vornehmlich darin, daß die handelsrechtlichen Lieferungsgeschäfte, gerade wie die Börsentermingeschäfte, der Individualität entbehren, daß die Ware in genau bestimmten Mindestmengen von typischer Beschaffenheit gehandelt und der jederzeitige Abschluß eines Deckungsgeschäftes ermöglicht wird, sodaß das Endergebnis auf die Zahlung des Preisunterschiedes hinausläuft. Trotz dieser großen Übereinstimmung der Lieferungsgeschäfte mit dem Termingeschäft können sie doch nicht als eine Unterart des Börsentermingeschäftes, vielleicht als erlaubtes Börsentermingeschäft, behandelt werden, denn einerseits wird die Anwendung der §§ 50—66 B. G. versagt, andererseits wird das handelsrechtliche Lieferungsgeschäft als Kauf- oder Anschaffungsgeschäft bezeichnet und ferner auch eine andere Art von Börsentermingeschäftsfähigkeit geschaffen. Die handelsrechtlichen Lieferungsgeschäfte bilden eine besondere Gattung von Börsengeschäften, welche, abgesehen von den Sondervorschriften der §§ 67, 68—70 B. G., als Kauf- oder sonstige Anschaffungsgeschäfte ganz den allgemeinen Vorschriften des H. G. B. und des B. G. B. unterliegen. Weicht nun das börsenmäßige Lieferungsgeschäft in Getreide usw. in der einen oder anderen Beziehung von den in § 67 angegebenen Voraussetzungen ab, so ist es deshalb noch keineswegs als Börsentermingeschäft anzusehen. Es wird dann gewöhnlich ein Kauf- oder sonstiges Anschaffungsgeschäft vorliegen, das sich auf individuelle, bestimmte Waren bezieht, mithin den Bestimmungen des B. G. B. und H. G. B. unterworfen ist. Solange die Nachfristklausel dem Geschäft geblieben ist, wird von einem börsenmäßigen Termingeschäft nicht zu sprechen sein, desgleichen nicht, falls andere Personen als die in § 67 Genannten als Vertragsparteien beteiligt sind, denn „die Zugehörigkeit zum Typus des Termingeschäfts ist niemals durch die Qualifikation der Vertragschließenden, sondern immer nur durch den typischen Vertragsinhalt bedingt"; auch wirtschaftlich erhält, wie oben bereits hervorgehoben, das Börsentermingeschäft seine Besonderheit durch die Beziehungen zu einem bestehenden Terminmarkt[1].

§ 8. Der Spiel- und Differenzeinwand im Getreidehandel.

Ist nun durch die Aufnahme des § 67 B. G. die langersehnte Rechtssicherheit für das handelsrechtliche Lieferungsgeschäft in Getreide usw. geschaffen worden, so war es nun Aufgabe der Regierung dafür zu sorgen, daß dieser legitime Zeithandel nicht zu wirtschaftlich unberechtigten Zwecken, insbesondere für Zwecke des Börsenspiels, mißbraucht werden konnte. Um nun derartige Mißbräuche zu verhüten, sollten nach dem Entwurf der Regierungsvorlage von 1907[2]) hinsichtlich des handelsrechtlichen Lieferungsgeschäftes „die Vorschriften der §§ 762, 764, B. G. B. unberührt bleiben." In der ersten Lesung wurde jedoch auf diesen Vorschlag hin bemerkt[3]), daß es unlogisch wäre, die §§ 762 und 764 auch auf die in § 50 des Entwurfs im übrigen sanktionierten und legalisierten Geschäfte Anwendung finden zu lassen. Wenn man unter Festsetzung streng begrenzter Normen ein völlig wirksames handelsrechtliches Lieferungsgeschäft

---

[1]) Nußbaum Kom. S. 320, § 67 V.

[2]) E. II, Begr. II, S. 4.

[3]) Komm. Ber. II S. 28.

an der Börse schaffen wolle, das dem heute auf Grund des sogenannten Berliner Schlußscheines an der Berliner Produktenbörse eingeführten handelsrechtichen Lieferungsgeschäft entspreche, dann wären die genannten Spielparagraphen nicht allein überflüssig, sondern durchaus schädlich, weil dann ja dieselben rechtsunsicheren Zustände platzgreifen würden, die heute sehr zum Schaden unseres gesamten wirtschaftlichen Lebens an den deutschen Produktenbörsen herrschen. In der zweiten Lesung gelang es nun den agrarischen Parteien, welche befürchteten, daß die Legalisierung der Zeitgeschäfte ein allgemeines Börsenspiel zur Folge haben würde, wenn ein derartiger Mißbrauch des Lieferungshandels in seinen zivilrechtlichen Folgen nicht der Übertretung des Verbotes von Börsentermingeschäften gleichgestellt würde, einen Antrag durchzubringen, der vom Reichstag in dritter Lesung gegen die Stimmen der freisinnigen Parteien mit folgendem Wortlaut als § 68 des B. G. aufgenommen wurde:

„Wird ein auf Lieferung von Getreide oder Erzeugnissen der Getreidemüllerei lautender Vertrag in der Absicht geschlossen, daß der Unterschied zwischen dem vereinbarten Preise und dem Börsen- oder Marktpreise der Lieferungszeit von dem verlierenden Teile an den gewinnenden gezahlt werden soll, so finden die Vorschriften des § 66 auch dann Anwendung, wenn es sich nicht um ein verbotenes Börsentermingeschäft handelt. Dies gilt auch dann, wenn nur die Absicht des einen Teils auf die Zahlung des Unterschiedes gerichtet ist, der andere Teil aber diese Absicht kennt oder kennen muß."

„Die Vorschriften der § 762, 764 des Bürgerlichen Gesetzbuchs bleiben bei einem auf die Lieferung von Getreide oder Erzeugnissen der Getreidemüllerei lautenden Vertrag außer Anwendung."

Der Sinn dieser Gesetzesvorschrift ist, wie dies auch von vielen Kommentatoren anerkannt wird, nach mehrfacher Richtung hin unklar [1]). Im Absatz 1 werden zunächst die

---

[1]) z. B. Apt. Anm. 1 zu § 68.

Rechtsfolgen der Spielabsicht angegeben, im Absatz 2 dagegen die Anwendung der die bürgerlichen Differenz- und Spielgeschäfte regelnden §§ 762, 764 B. G. B. bei einem auf die Lieferung von Getreide lautenden Vertrag für nicht zulässig erklärt. Daß nun die Anwendung der §§ 762, 764 durch Absatz 2 ausgeschlossen wurde, geschah jedoch nur, weil die Begriffsbestimmung des bürgerlichen Differenz- und Spielgeschäfts wörtlich in Absatz 1 des § 68 B. G. aufgenommen ist, wenn man den dort ebenfalls angezogenen Absatz 1 des § 66 B. G. mit berücksichtigt, welcher den Absatz 1 des § 762 B. G. B. wiedergibt. Es finden sowohl § 762 als auch § 764 B. G. B. Anwendung, jedoch mit der Änderung, daß der Spielcharakter hier nicht alle in §§ 762, 764 an das Spielgeschäft geknüpfte Rechtsfolgen nach sich ziehen soll. Abweichend von §§ 762, 764 ist nämlich angeordnet, daß das Geleistete innerhalb zweier Jahre nach Absatz 1 des § 68 und Absatz 2 des § 66 gerade so zurückgefordert werden darf, als wenn das Spielgeschäft ein verbotenes Börsentermingeschäft in Getreide u. s. w. wäre. Sonst verbleibt es bei der Begriffsbestimmung des Differenz- und Spielgeschäfts des bürgerlichen Rechts nach § 764 Absatz 1 Satz 2 auch darin, daß es genügt, wenn auch nur die Spielabsicht auf einer Seite vorhanden ist, der andere Teil aber diese Absicht kennt oder kennen mußte. Mit Rücksicht darauf, daß § 68 B. G. den Tatbestand des § 764 B. G. B. wörtlich übernommen hat, müssen bei Auslegung des § 68 die Ergebnisse des § 764 unmittelbar verwertet werden, und es gewinnt dadurch die Judikatur des Reichsgerichts, aus welcher § 764 hervorgegangen und zu verstehen ist, auch für den § 68 Bedeutung. Nach der vom Reichsgericht aufgestellten Theorie der sogenannten Differenzgeschäfte sind solche Lieferungsgeschäfte, bei denen nachweisbar der Ausschluß der effektiven Leistung beabsichtigt ist, als Spiel behandelt und deshalb für ungültig erklärt worden. Die Bestimmungen des § 764 sollten diese Rechtsanschauung gesetzlich festlegen und damit einen Spezialfall des durch § 762 allgemein für ungültig erklärten Spiels treffen. Der Ausdruck, welchen diese Absicht des

Gesetzgebers in § 764 gefunden hat, betont nun aber nicht den Ausschluß der effektiven Lieferung, sondern den Preisunterschied, und in gleicher Weise wird in § 68 Absatz 1 Satz 1 vorgeschrieben, daß die Absicht beim Vertragsabschluß dahin gehen müsse, daß der Unterschied zwischen dem vereinbarten Preise und dem Börsen- oder Marktpreise der Lieferungszeit von dem verlierenden Teil an den gewinnenden gezahlt werden soll. Gegen diese Kennzeichnung des Spiels in der Form des Lieferungsvertrages lassen sich nun aber verschiedene Bedenken geltend machen, indem einmal die Vorschrift zu eng gefaßt erscheint, um alle Spielgeschäfte zu treffen, andererseits aber auch zu weit geht, weil die wirtschaftlich unentbehrlichen Deckungsgeschäfte an der Börse getroffen werden.

Sofort nach dem Erlaß des neuen Börsengesetzes wurde in der Literatur allgemein darauf hingewiesen, daß der Tatbestand des § 63 durch Lieferungsgeschäfte überhaupt nicht erfüllt werden könne. Der Spekulationsverkehr an und außerhalb der Börse vollzieht sich stets durch Abschluß eines Geschäftes und eines Gegengeschäftes; die Abwickelung eines Spekulationsgeschäftes durch Zahlung der Differenz von Vertrags- und Lieferungspreis ist, wörtlich genommen, im tatsächlichen Geschäftsverkehr vollständig unbekannt. „Schon der Ausdruck, daß die Absicht auf Zahlung von dem verlierenden Teil an den gewinnenden gerichtet sein müsse, würde die Anwendbarkeit jedenfalls auf Personen außerhalb der Börse einschränken. Wer an der Börse zum Zwecke des Spiels kauft, hat zwar die Absicht, daß er die Differenz zwischen dem niedrigen Kaufpreise und dem späteren höheren Verkaufspreise gewinnen will; er hat aber nicht die Absicht, daß sein Verkäufer diese Differenz an ihn zahlen soll. Wenn A von B für 200 kauft, B von C für 195, C von D für 205 und A schließlich für 210 an E verkauft, so haben bei der Abwickelung dieser 4 Geschäfte A 10 und B 5 gewonnen und C 10 verloren, keiner von diesen hat aber die Unterschiede zwischen den einzelnen Preisen zu zahlen oder zu empfangen. Die Abwickelung geschieht vielmehr dahin, daß der effektive Verkäufer D zur Lieferungszeit die Ware dem

C andient, dieser sie an B, B an A und A an E überweist, D liefert dann tatsächlich an E, erhält aber seinen Verkaufspreis mit 205 von C, dieser erhält von B nur 195 wieder, hat also 10 verloren, B erhält von A 200, hat also 5 gewonnen, und A erhält von dem effektiven Käufer E 210, hat also 10 gewonnen. Diese Geschäfte waren bei D und E zweifellos keine Spielgeschäfte, können aber bei A, B und C Spielgeschäfte gewesen sein. Dennoch findet unter diesen nicht eine Zahlung des Unterschiedes der Preise von dem verlierenden an den gewinnenden Teil statt, noch viel weniger kann bei ihnen eine dahingehende Absicht beim Abschluß der Geschäfte bestanden haben. Die Begrenzung der Vorschrift des Paragraphen erweist sich mithin zu eng, und die Bestimmung der Novelle wird daher auf solche Spielgeschäfte nur anwendbar sein, wenn sie dahin ausgelegt wird, daß unter den verlierenden und gewinnenden Teilen die Kette der Beteiligten zusammen und unter dem zu zahlenden Unterschied die Differenz zwischen den einzelnen gezahlten und empfangenen Summen, d. h. also das Resultat der ganzen Transaktion verstanden wird. Sonst würden nur diejenigen Spielgeschäfte unter die Vorschrift fallen, die zwischen Kommittenten und Kommissionär abgeschlossen werden, bei welchen allerdings nur zwei Teile und zwei Preise in Betracht kommen [1])." Nun spricht ferner das Gesetz von dem Unterschiede zwischen dem vereinbarten Preise und dem Börsen- oder Marktpreise der Lieferungszeit. Wie bereits oben hervorgehoben, beträgt die Lieferungszeit regelmäßig einen Monat. Daß nun die in Betracht kommenden Getreidearten und Produkte der Getreidemüllerei während dieser Zeit hindurch immer denselben Preis notieren sollten, ist völlig ausgeschlossen, denn die Praxis lehrt, daß die Preise in ständiger Bewegung sind und im Laufe eines Monats, ja nicht selten im Laufe eines Tages steigen und fallen. Deshalb fehlt es an einer Zahl, an welcher der Unterschied gegenüber dem vereinbarten Preise bemessen werden könnte, und es muß zum Abschluß eines zweiten Geschäfts geschritten werden, um die Differenz zu ermitteln,

---

[1]) Hemptenmacher, S. 227/228.

welche von dem verlierenden an den gewinnenden Teil zu zahlen ist. Den ersten oder letzten Preis im Monat oder einen Preis am 15. des Monats oder vielleicht den Durchschnitt aller Preise des betreffenden Monats als tertium comparationis für den Spielgewinn oder Verlust heranzuziehen, dürfte auch nicht beabsichtigt sein, da für eine Vermutung es an jeglichem Anhalt dazu fehlt. Man könnte, so führt Hemptenmacher aus[1]), dieser Unklarheit vielleicht dadurch begegnen, daß man die Absicht des Spielers dahin auslegte, daß der Unterschied zwischen dem vereinbarten Preise und demjenigen Preis der Lieferungszeit maßgebend sein solle, zu welchem er entweder freiwillig das Gegengeschäft abgeschlossen hat oder nach welchem sein Gegenkontrahent nach Maßgabe der Bestimmungen über die Folgen der Nichterfüllung von Lieferungsverträgen seinen Schadensersatz berechnen darf. Bei einer solchen Auslegung kommt aber die weitere Differenz zwischen dem Ausdruck und den tatsächlichen Hergängen in Betracht, die in der Betonung der Lieferungszeit liegt. Wer in der Form des Börsentermingeschäfts spielen will, tut dies in der Hoffung auf eine ihm günstige Preisentwickelung nicht nur zur Lieferungszeit, sondern für den ganzen Zeitraum bis dahin in gleichem Maße.

Andererseits geht die Kennzeichnung der Lieferungsgeschäfte als Spielgeschäfte zu weit, da der Wortlaut des § 68 leicht auch die nichtspekulativen Geschäfte an der Berliner Produktenbörse treffen kann. Wohl die meisten Lieferungsgeschäfte an dieser werden als sogenannte Deckungs-(Versicherungs-, Arbitrage-) Geschäfte abgeschlossen zum Zweck der Versicherung gegenüber langfristigen, riskanten Getreideeinkäufen- und Verkäufen. Bei diesen Geschäften wird in der Regel die Absicht dahin gehen, das nach den Geschäftsbedingungen des § 67 abgeschlossene Lieferungsgeschäft nicht durch Lieferung oder Abnahme zu erfüllen, sondern durch ein entsprechendes Gegengeschäft abzuwickeln. Die den Deckungsgeschäften zu Grunde liegenden effektiven Geschäfte werden dann durch anderweiten nichtbörsentermin-

---

[1]) S. 229.

geschäftsmäßigen Ankauf oder Weiterverkauf abgewickelt. Bei diesem Gebahren des Getreide- und Mehlhandels werden regelmäßig die Deckungsgeschäfte das aus § 764 B.G.B. in die Novelle übernommene Kennzeichen des Spiels tragen, denn die Absicht geht gerade dahin, durch den Gewinn oder Verlust bei dem Kauf oder Verkauf in der Form des Börsentermingeschäfts den Verlust oder Gewinn bei den effektiven Geschäften auszugleichen und diese letzteren Geschäfte ohne großes Risiko betreiben zn können.[1]) Daß nun diese Deckungsgeschäfte durch die Vorschrift des § 68 getroffen werden konnten, war die Ursache, daß nach dem Bekanntwerden dieser Bestimmung große Entrüstung sowohl in Juristenkreisen als auch ganz besonders unter den Produktenhändlern entstand. Die Erregung war so groß an der Produktenbörse, daß man sich mit dem Gedanken trug, den Börsenverkehr nur bis zur Abwickelung der bestehenden Geschäfte aufrecht zu erhalten. Es wurde darauf hingewiesen, daß das handelsrechtliche Lieferungsgeschäft, welches nach langem Kampfe durch § 67 die ersehnte Sicherheit erhalten hatte, durch Einführung des § 68 in seiner Existenz arg bedroht schien, und an Stelle der erhofften Rechtssicherheit im Getreidehandel, die durch die Novelle völlig wiederhergestellt werden sollte, drohte eine gänzliche Rechtsverwirrung noch schlimmere Zustände herbeizuführen, als wie sie bisher geherrscht hatten. Daß der § 68 starke Entrüstung unter den Produktenhändlern hervorzurufen imstande war, ist weiter nicht wunderlich, wenn berücksichtigt wird, daß einerseits der Gesetzgeber den Spielparaphen 764 B.G.B. wörtlich in den § 68 B.G. übernommen hat und andererseits durch das Reichsgericht diejenigen Lieferungsgeschäfte, bei denen nachweisbar der Ausschluß der effektiven Leistung beabsichtigt ist, als Spiel behandelt und deshalb für unklagbar erklärt hat.

Die Verhandlungen während der zweiten Lesung der Novelle lassen indessen erkennen, daß mit der Vorschrift des § 68 nur beabsichtigt ist, die durch § 67 geschaffene Rechtswirksamkeit der dort umschriebenen Lieferungsgeschäfte

[1]) Hemptenmacher S. 225.

für den Fall auszuschließen, sofern sie für Zwecke des Börsenspiels mißbraucht werden. In den Verhandlungen ist wiederholt hervorgehoben worden, daß das wirtschaftlich berechtigte Lieferungsgeschäft, wie es sich nach dem Berliner Schlußschein abwickelt, gegen die Gefahr der Nichtigkeit geschützt und daß ein Mißbrauch dieser Form für wirtschaftlich unberechtigte Zwecke, insbesondere für Zwecke des Börsenspiels, in seinen zivilrechtlichen Folgen der Uebertretung des Verbotes gleichgestellt werden sollte. Durch Hinzufügung des § 68 sollte nur die Möglichkeit genommen werden, wirtschaftlich nicht berechtigte Geschäfte vorzunehmen, insbesondere Börsenspekulation zu treiben. Man war überzeugt, die Gerichte würden das gesunde und wirtschaftlich berechtigte Interesse und die das Bedürfnis deckenden Geschäfte an der Produktenbörse niemals unter den § 68 fallen lassen, denn § 68 sei nicht so gefaßt, daß etwa auch wirtschaftlich notwendige Geschäfte — insbesondere das im Getreidehandel gerade für den soliden Kaufmann und für den soliden Leiter eines Müllereibetriebes unentbehrliche Deckungsgeschäft — getroffen werden könne und daß das wirtschaftlich berechtigte, wirtschaftlich notwendige Deckungsgeschäft durch § 68 nicht getroffen werden solle[1]). Auf Ersuchen des Abgeordneten Kaempf stellte der Berichterstatter im Reichstage, Dr. Weber, ausdrücklich fest, daß § 68 „nur als Einwand gegen solche Geschäfte dienen soll, die unter Mißbrauch der Bedingungen (gemäß § 67) zum Zwecke des Börsenspiels benutzt werden“, und der Vertreter der verbündeten Regierungen, der Handelsminister, gab hierzu folgende Erklärung ab: „Ich kann nach diesen Ausführungen nur erklären, daß die verbündeten Regierungen in Bezug auf den Zweck und die Bedeutung des § 68 vollständig auf dem Standpunkt stehen, den der Herr Referent in der am Eingang unserer heutigen Verhandlungen gegebenen Erklärung festgelegt hat. Wir sind der Ansicht, daß wirtschaftlich berechtigte Geschäfte, die unter Benutzung der Vorschriften des § 67 abgeschlossen werden, nicht alteriert werden in ihrer Rechtsbeständigkeit durch die Vorschriften des § 68,

[1]) Sten. B. S. 4740 B.

sondern daß nur das wirtschaftlich unberechtigte Geschäft, das Spielgeschäft, durch diese Bestimmungen getroffen werden soll"[1]).

Die Börse fühlte sich seiner Zeit bei Einführung der Novelle noch nicht ganz sicher, da man nicht wußte, wie sich das Reichsgericht zu diesem Paragraphen stellen wird. Es wird daher abzuwarten sein, ob die Rechtsprechung des Gerichts künftig bei der Anwendung der Bestimmungen der Novelle sich lediglich auf den Wortlaut der Bestimmung beschränken, oder die Entstehungsgeschichte berücksichtigen wird. Schon bei der Anwendung der Theorie bei den sogenannten Differenzgeschäften hatte das Reichsgericht einen Unterschied gemacht zwischen den Differenzgeschäften, die der Kaufmann abschließt, um durch den Umsatz der Waren zu gewinnen, und zwischen dem Börsenspieler, welchem von vornherein der Umsatz der Ware völlig gleichgiltig ist und der allein aus der Differenz der Preise gewinnen will[2]). Durch § 67 ist der wirksame Abschluß der Börsengeschäfte auf solche Kreise beschränkt worden, deren Gewerbebetrieb dem Umsatz der betreffenden Waren dient, und die Rechtsprechung wird davon ausgehen müssen, daß diesen Beteiligten zunächst die Vermutung zur Seite steht, daß sie die Börsentermingeschäfte nicht lediglich um der Differenzgewinne willen, also zu Spielzwecken, abgeschlossen haben. Diese Vermutung müsste im einzelnen Falle durch entgegenstehende Umstände beseitigt und widerlegt werden. Nach der Erklärung des Reichsgerichts könne es dahingestellt bleiben, ob nicht auch ein Kaufmann, welcher den Abschluß von Börsentermingeschäften gewerbsmäßig betreibt und dabei unmäßig und weit über seine Kräfte spekuliert, sich nicht bloß nach § 240 K.O. wegen Differenzhandels strafbar macht, sondern auch in dem Sinne spielen könne, daß seinen Geschäften die Klagbarkeit unter Umständen zu versagen wäre[3]). Die Judikatur in diesem Sinne würde den Geschäften der Getreidehändler, welche ihr Gewerbe

---

[1]) Sten. B. S. 4766 A.

[2]) RGZ. Bd. 34, S. 85.

[3]) RGZ. Bd. 34, S. 85.

lediglich in der Weise betreiben, daß sie den übrigen Beteiligten bei deren Deckungsgeschäften als Gegenkontrahenten dienen, also diesen das Risiko abnehmen, die Klagbarkeit entziehen.

§ 9. Die Strafbestimmungen.

Obwohl nun infolge der Vorschrift des § 68 der Abschluß von Spekulationsgeschäften zur Unmöglichkeit geworden ist, hielten die Agrarier es trotzdem noch für notwendig, in der zweiten Lesung den Gesetzesvorschriften über den Getreidehandel noch einige scharfe Strafbestimmungen hinzuzufügen.

Bisher bestanden an Strafvorschriften diejenigen über die disziplinäre Strafgewalt des Börsenvorstandes (§ 8) und des Ehrengerichtes der Börse (§ 9 ff.), sowie die kriminellen Strafbestimmungen des letzten Abschnittes, die von den ordentlichen Gerichten gehandhabt wurden. Während der Beratung des Entwurfs von 1904 wurden Stimmen laut, die eine Verschärfung des Börsengesetzes durch Hereinnahme strenger Strafbestimmungen forderten. In der Sitzung des Reichstags vom 9. 4. 1904 [1]) hatte sich der Abgeordnete Graf von Schwerin-Löwitz als Redner der konservativen Partei gegen die Nichtigkeit verbotener Börsentermingeschäfte ausgesprochen und die Einführung strenger Strafbestimmungen empfohlen. Im Gegensetz zu diesen Anschauungen forderte die konservative Partei bei Beratung der Novelle von 1908 eine „lex plus quam perfecta", welche an den Anschluß verbotener Börsentermingeschäfte in Waren oder Wertpapieren kumulativ zivilrechtliche Nichtigkeit und kriminelle Strafen knüpfen sollte. Auf Grund eines Kompromisses wurde dann hinsichtlich des Getreidehandels der Erlaß folgender Strafbestimmungen beschlossen:

Nach § 71 hat

> derjenige, der ein verbotenes Börsentermingeschäft in Getreide oder Erzeugnissen der Getreidemüllerei schließt, wenn die Zuwiderhandlung vorsätzlich begangen ist, eine Ordnungsstrafe bis zu zehntausend M. verwirkt.

---

[1]) Sten. B. S. 2518 C.

Da diese Bestimmung eine Ordnungsstrafvorschrift ist, so finden die Grundsätze des kriminellen Verfahrens nur insoweit Anwendung, als sie ausdrücklich vorgeschrieben oder begriffsnotwendig dem Sinn nnd Wortlaut des Gesetzes zu entnehmen sind, so z. B. hinsichtlich der Verjährung (§ 72) und des Vorsatzes; Beihilfe und Anstiftung begründen keine Strafbarkeit. Die Umwandlung der Geldstrafe in eine Freiheitsstrafe für den Fall des Unvermögens ist nicht zulässig, da es an einer positiven Vorschrift fehlt.

Was nun die Anwendung dieses Ordnungsstrafverfahrens anbelangt, so ist es nicht auf Börsenbesucher beschränkt. Wie in den Kommissionsberatungen zum Ausdruck gebracht worden ist[1]), ist es gegen jedermann anzuwenden; außerdem ergibt es sich auch aus dem Wortlaut des Gesetzes, der eine Beschränkung des Personenkreises nicht enthält. Voraussetzung der Strafbarkeit in objektiver Beziehung ist der Abschluß eines verbotenen Börsentermingeschäfts in Getreide oder Erzeugnissen der Getreidemüllerei, d. h. ein Verstoß gegen die Bestimmung des § 65. Andere Zeitgeschäfte, insbesondere diejenigen nach §§ 67 und 68, fallen nicht unter die Vorschrift des § 71. Zwar war in der Reichstagskommission beantragt, Strafvorschriften auch auf Differenzgeschäfte in Anwendung zu bringen, doch wurde dieser Antrag abgelehnt und später in den Plenarberatungen nicht mehr aufgenommen. Als subjektives Merkmal wird vorsätzliches Zuwiderhandeln verlangt, wobei unter Vorsatz das Wissen und Wollen sämtlicher Merkmale des Deliktes zu verstehen ist[3]).

Die Verhandlung und Entscheidung über die Festsetzung von Ordnungsstrafen ist nicht einem ordentlichen Gericht übertragen, sondern gemäß § 73 sind staatliche Sondergerichte (also nicht Börsenorgane) vorgesehen, die von den Landesregierungen gebildet werden. Deshalb fallen nach § 85 die Strafen dem Staate zu, und die Kosten des Ver-

---

[1]) Kom. B. II, S. 100.

[2]) Bernstein, S. 323, Nußbaum Kom. S. 330, III a, Apt., Anm. 1) zu § 71. A. A. Hemptenmacher, Anm. 1) zu § 71.

[3]) Nußbaum Kom. § 71 III, S. 331.

fahrens, die von dem Beschuldigten nicht beigetrieben werden können, fallen der Staatskasse zur Last. Dem Börsenvorstand steht keinerlei Mitwirkung an der Besetzung dieser Sondergerichte zu, sofern sie ihm nicht vor der Landesregierung eingeräumt wird. Für Preußen ist das in der Art geschehen, daß die Vertreter des Handelsstandes auf Vorschlag des Berliner Börsenvorstandes (Abt. Produktenbörse) vom Handelsminister ernannt werden, während für die Vertreter der Landwirtschaft dem Landesökonomie-Kollegium das Vorschlagsrecht zusteht. Nach § 1 der preußischen Bestimmungen über das Ordnungsstrafwesen und in Anlehnung an § 73 Abs. 2 ist für die preußischen Börsen eine gemeinschaftliche Kommission bei der Börse zu Berlin gebildet[1]. Hinsichtlich der Zusammensetzung dieser Strafordnungskommission ist zu bemerken, daß gemäß § 76 Abs. 2 der Vorsitzende ein Reichs- oder Staatsbeamter sein muß; von den Beisitzern muß die eine Hälfte aus Vertretern des Handels, die andere Hälfte aus Vertretern der Landwirtschaft bestehen. (§ 75.) Über die Berufung dieser Beisitzer werden besondere Bestimmungen von der Landesregierung bezw. dem Bundesrat erlassen. (§ 76 Abs. 2 und 3.) Die Kommission erster Instanz besteht aus 5 Mitgliedern, in zweiter Instanz aus 7 Mitgliedern einschließlich des Vorsitzenden. (§ 75.)

Für die Einführung einer so hohen Strafe von 10000 M., welche beinahe einer Vermögenskonfiskation gleichbedeutend ist[2], war in der Kommission der Umstand maßgebend, daß dieselbe einerseits dem Gewinn, der mit solchen Geschäften gemacht wird, entsprechen müsse, andererseits sollte sie der Wiederholung von solchen Fällen vorbeugen.

Ist die Zuwiderhandlung gegen § 71 von einem Börsenbesucher begangen, so macht der Umstand, daß er dem Ehrengericht der Börse untersteht, eine doppelte Verfolgung durch die Kommission und das Ehrengericht möglich.

---

[1]) Vgl. Verordnung des Ministers vom 13 6. 1908, Min.-Bl. der Handels- und Gewerbeverwaltung 08, 233.

[2]) Sten. B. 07/08, S. 4756.

Stellt das Ehrengericht eine nach § 71 strafbare Handlung fest, so kann es, neben der von der Kommission festgesetzten Ordnungsstrafe, außerdem auf einen Verweis, sowie zeitweilige oder dauernde Ausschließung von der Börse erkennen, (§ 15) falls sich das verbotene Geschäft als eine Handlung darstellt, die mit der Ehre und dem Anspruch auf kaufmännisches Vertrauen nicht zu vereinbaren ist.

Während nun der Ungehorsam gegen das Verbot aus § 65 sich grundsätzlich als Ordnungswidrigkeit im Sinne des § 71 darstellt, erblickt das Gesetz in der hartnäckigen Nichtachtung jenes Verbotes ein kriminell strafbares Vergehen gegen die öffentliche Ordnung. Deshalb soll in solchen Wiederholungsfällen nicht allein eine hohe Geldstrafe, sondern auch eine Freiheitsstrafe in Betracht kommen.

> Mit Gefängnis und mit Geldstrafe bis zu zehntausend M. wird bestraft, wer aus dem Abschlusse von verbotenen Börsentermingeschäften in Getreide oder Erzeugnissen der Getreidemüllerei ein Gewerbe macht, nachdem er auf Grund des § 71 rechtskräftig zur Zahlung einer Ordnungsstrafe verurteilt worden ist, darauf abermals ein verbotenes Börsentermingeschäft in Getreide oder Erzeugnissen der Getreidemüllerei abgeschlossen hat und deshalb rechtskräftig verurteilt worden ist. (§ 91.)

Diese Vorschrift steht in engstem Zusammenhang mit dem Ordnungsstrafverfahren der §§ 71—87, indem die mit Ordnungsstrafe bedachte Zuwiderhandlung gegen § 71 in § 91 zum kriminell strafbaren Vergehen erhoben ist, wenn sie zugleich die Strafbarkeitsmerkmale des wiederholten Rückfalles und der gewerbsmäßigen Begehung an sich trägt. In den Beratungen der Reichstagskommission wurde diese Voschrift als eine Singularität im Strafrechte um deswillen bemängelt, weil ein Strafrichter veranlaßt und gezwungen werden soll, auf ein Erkenntnis der den Charakter eines Ehrengerichts tragenden Kommission ohne jede Nachprüfung ein strafrechtliches Urteil aufzubauen [1]). Wenn nun

[1]) Komm. Ber. II, S. 101.

auch — wie dies von anderer Seite in den Kommissionsberatungen ebenfalls hervorgehoben wurde — die Strafverfolgung allerdings insofern beschränkt ist, als zwei rechtskräftige Entscheidungen seitens der Ordnungsstrafkommission vorliegen müssen, ehe der Strafrichter einschreiten kann, so muß doch hervorgehoben werden, daß dieser hinsichtlich der Beurteilung des seiner Entscheidung unterliegenden neuen Dilekts an die Auffassung der Kommission nicht gebunden ist. Das mit Strafe bedrohte Dilekt ist das „gewerbsmäßige" Abschließen von verbotenen Börsentermingeschäften. Aufgabe des Richters ist es nun, durch selbständige Prüfung positiv festzustellen, ob nach seiner Ansicht die Gattung von Geschäften, die der Angeklagte „gewerbsmäßig" abschließt, als Börsentermingeschäft anzusehen ist[1]).

Zuständig zur Aburteilung aus § 91 ist die landgerichtliche Strafkammer. Der Versuch ist straflos (§ 43 St.G.B.), die Teilnahme wird nach Maßgabe der §§ 47 ff. St.G.B. bestraft. Die Gefängnisstrafe beträgt mindestens einen Tag, höchstens fünf Jahre. Die daneben stets zu verhängende Geldstrafe ist bei Unvermögen in Gefängnis umzuwandeln in der Weise, daß für je drei bis fünfzehn Mark ein Tag Gefängnis eintritt und der Höchstbetrag der an Stelle der Geldstrafe eintretenden Gefängnisstrafe 1 Jahr beträgt. Die Bestrafung nach § 91 schließt die gleichmäßige Verhängung einer Ordnungsstrafe nach § 71 aus. Fehlt es an den Voraussetzungen des § 91, so muß seitens des Gerichts die Freisprechung erfolgen; eine Verweisung an die Strafkommission ist nicht zulässig. Es steht dagegen der Kommission frei, im Falle der Freisprechung ein Verfahren wegen Vergehens gegen § 71 einzuleiten.

Der erwähnte § 91 steht nun noch in einem besonderen Verhältnis zu § 92. Während § 91 lediglich gegen den verbotenen Terminhandel gerichtet ist, will § 92 in gewisser Hinsicht eine Ergänzung darin bieten, als auch die im § 68 bezeichneten Differenzgeschäfte unter besonderen Umständen bestraft werden können.

---

[1]) Vgl. hierzu auch Apt., Anm. 2) zu § 91.

„Mit Gefängnis und mit Geldstrafe bis zu zehntausend Mark wird bestraft, wer in gewinnsüchtiger Absicht, um den Preis von Getreide oder Erzeugnissen der Getreidemüllerei im Widerspruche mit der durch die allgemeine Marktlage gegebenen Entwickelung zu beeinflussen, verbotene Börsentermingeschäfte oder Geschäfte schließt, die unter die Begriffsbestimmung des § 68 fallen. Sind mildernde Umstände vorhanden, so kann allein auf Geldstrafe erkannt werden". (§ 92).

In der Literatur ist die Ansicht vertreten[1]), daß § 92 den Fall der sogenannten „Schwänze" (Corner) treffen soll, worunter Ankäufe[2]) zu verstehen sind, welche in aller Stille in größtem Maßstabe vorgenommen werden zu dem Zwecke, möglichst viel Ware — in vorliegendem Falle also Getreide und Mehl — aufzuspeichern, um die Baissiers, welche Leerverkäufe abgeschlossen haben, in die Zwangslage zu versetzen, zur Lieferungszeit zu weiter gesteigerten Preisen, d. h. mit Verlust, die Ware von ihrem früheren Käufer zurückkaufen zu müssen[3]).

Bei genauer Prüfung ergibt sich jedoch, daß diese Schwänze durch § 92 kaum getroffen werden. Zunächst ist hervorzuheben, daß verbotene Termingeschäfte in Getreide und Mehl seit der Einführung des Lieferungshandels kaum noch vorkommen, und es erscheint ausgeschlossen, daß gegenüber dem Verbot des Terminhandels in Getreide usw. eine Schwänze durch Abschluß verbotener Börsentermingeschäfte versucht werden sollte. Sollte dieses trotzdem

---

[1]) z. B. Kahn, Anm. 2b zu § 92, Hemptenmacher, Anm. 1) zu § 92, Nußbaum Kom. S. 353.

[2]) Auch das Fernhalten von Waren vom Markte erreicht denselben Zweck.

[3]) Diese Schwänze bedeutet daher auf Seiten des Käufers durchaus effektive, sogar weit über seinen Bedarf effektive Geschäfte, während auf Seiten des Verkäufers allerdings reine Spekulations- oder Spielgeschäfte vorzuliegen pflegen. Wegen der dadurch bewirkten, durch die allgemeine Marktlage nicht gerechtfertigten Preisschwankungen, stellen sich sowohl die effektiven als auch die spekulativen Verkäufe als ein Mißbrauch der Form des Lieferungsvertrages dar.

geschehen, so würden die in die Zwangslage versetzten Verkäufer durch Erhebung des Einwandes aus § 66 in der Lage sein, sich aus dieser Zwangslage zu befreien, und in einem derartigen Falle würden auch die kaufmännischen Grundsätze über Treu und Glauben einen solchen Weg zur Vereitelung einer Schwänze zulassen [1]). Ferner ist auch darauf hinzuweisen, daß die Geschäfte, die unter § 68 fallen, von dem Schwänzer nicht getroffen werden, da es diesem gerade auf effektive Erwerbe ankommt. Infolge der Verweisung auf § 68 wird außerdem der Strafvorschrift die Möglichkeit tatsächlicher Anwendung entzogen, denn die Geschäfte, welche dem Wortlaut des § 68 entsprechen, kommen, wie bereits oben hervorgehoben, in der Praxis überhaupt nicht vor.

Berücksichtigen wir nun die Entstehungsgeschichte des § 92 [2]), so ergibt sich, daß dieser Paragraph aus agrarpolitischen Tendenzen hervorgegangen ist. Das Streben der Gegner des Terminverbotes war zwar derauf gerichtet, das Anwendungsgebiet des § 92 auf den Fall der Schwänze zu begrenzen. Die Agrarier dagegen gingen davon aus, neben der Unterdrückung der Schwänze hauptsächlich [2]) die Terminspekulation, insonderheit die Baissespekulation, unschädlich zu machen, welche nach ihrer Ansicht schon als solche, ohne Zuhilfenahme künstlicher Mittel, geeignet und regelmäßig darauf berechnet ist, den Preis im Widerspruch mit der durch die allgemeine Marktlage gegebenen Entwickelung zu beeinflussen. Aus diesem Vorstellungskreise, so hebt Bernstein Kom. S. 344 hervor, erklärt es sich, daß § 92 den Versuch künstlicher Beeinflussung des Getreidepreises, statt ihn allgemein unter Strafe zu stellen, abgesehen von dem Falle des § 88 Abs. 1, nur dann geahndet sehen will, wenn er mittels des Abschlusses eines verbotenen Börsentermingeschäfts oder eines Getreidedifferenzgeschäftes im Sinne des § 68 zur

---

[1]) Hemptenmacher, Anm. 2) zu § 92.

[2]) Vgl. die Ausführungen des Sachverständigen Grafen von Mirbach-Sorquitten, Sten. Berichte über die Vermehrung der (115) Sachverständigen, S. 3397.

Ausführung gelangt. Tatsächlich würde kaum in einem der von den Urhebern des § 92 ins Auge gefaßten Falle eine tatsächliche Feststellung im Sinne der gedachten Vorschrift zu treffen sein. Denn obwohl selbstverständlich jedes Angebot als ein preisdrückender Faktor, ebenso wie jede Nachfrage als ein preissteigender Faktor zu gelten hat, so erwartet doch der Spekulant den von ihm angestrebten Spekulationsgewinn nicht vor der preisdrückenden oder preissteigernden Wirkung seines eigenen Abschlusses, welche in der Regel sofort durch gleichmäßige Gegeneinflüsse ausgeglichen wird, sondern von einer künftigen sich im Einklange mit der allgemeinen Lage des Weltmarktes bildenden Preisgestaltung, die ihm gestattet, seine Spekulationen mit Vorteil zu realisieren. Daß jemand verbotene Börsentermingeschäfte in der Absicht schließt, hierdurch einen mit jener Entwickelung im Widerspruch stehenden Einfluß auf die Preisbildung auszuüben — etwa durch einen Kauf zu unvernünftig hohen oder einen Verkauf zu unvernünftig niedrigen Preisen, — wird kaum je vorkommen, da die Beteiligten genau wissen, daß gegenüber der durch die Lage des Weltmarktes bedingten naturgemäßen Preisentwickelung Bewegungen dieser Art machtlos bleiben und zum Schaden ihres Urhebers ausschlagen müssen.

Auch in diesem Falle kommen wir zu demselben Ergebnis wie oben, daß der Zweck des Gesetzes nie erfüllt werden kann. Noch vergeblicher als der Versuch, den Preis mit solchen untauglichen Mitteln zu beeinflussen, wäre das Bemühen, dem Täter diese seine Absicht, sofern sie wirklich besteht, nachzuweisen. Der § 92 wird also stets ein „papiernes" Strafgesetz bleiben.

C. Schluss.

§ 10. Forderung auf Wiedereinführung des Börsenterminhandels in Getreide.

Am Schlusse angelangt, drängt sich nun die Frage auf, welche Erfolge die Reform des Börsengesetzes den

Produktenbörsen gebracht hat, und leider muß darauf geantwortet werden, daß zwar in gewisser Beziehung eine Besserung der Verhältnisse im Getreidehandel gegen früher eingetreten ist, doch ist die Produktenbörse, die mindestens dieselbe wirtschaftliche Bedeutung hat wie die Effektenbörse, wenn nicht gar eine höhere, in der Novelle nicht in derselben Weise berücksichtigt worden, wie jene.!

Was zunächst die Strafbestimmungen für den Getreidehandel anbelangt, so ist hierin eine bedeutende Verschlechterung gegen früher festzustellen, indem sich die erlassenen Strafvorschriften im Vergleich zu den Strafbestimmungen für die Effektenbörse sowohl durch die Anzahl der §§ als auch durch ihre Schärfe auszeichnen.

Hinsichtlich der handelsrechtlichen Lieferungsgeschäfte, welche durch § 67 ihre rechtliche Sicherstellung erfahren haben, ist zwar ein Erfolg zu verzeichnen, doch bieten diese infolge der Nachfristklausel schwerfälligen legitimen Zeitgeschäfte, wie oben bereits auseinandergesetzt, keinen vollgültigen Ersatz für das verbotene Börsentermingeschäft. Im Interesse einer kräftigen Produktenbörse müssen daher die Getreidehändler unablässig daraufhinarbeiten, daß der Handel die technisch vollkommenste Form des Zeithandels, den Terminhandel, wieder zur Anwendung bringen darf. Ist es doch gerade diese Handelsform gewesen, die zur kräftigen Entwickelung der Berliner Produktenbörse in bedeutendem Maße beigetragen und das für die Börse unentbehrliche Kapital herangezogen hat; um unseren deutschen Getreidehandel seine frühere, hervorragende Stellung im internationalen Getreidehandel wieder zu verschaffen, bedarf es auf es auf jeden Fall der Aufhebung dieses verhängnisvoll gewordenen Terminverbotes. Wie nachgewiesen, hat nicht allein der Handel durch die Aufhebung des Terminhandels in Getreide und Erzeugnissen der Getreidemüllerei bedeutende Nachteile gehabt, sondern hauptsächlich ist es die Landwirtschaft gewesen, die unter den Folgen des Verbotes sehr zu leiden und ungeheure, garnicht zu ersetzende Schäden erlitten hatte, weshalb sie gerade für die Wiedereinführung des Terminhandels eintreten sollte, anstatt auch weiterhin gegen ihn zu agitieren. In volkswirtschaftlicher Beziehung muß nochmals hervorgehoben werden, daß eine starke Terminbörse einem Lande das wichtige Mitbestimmungsrecht an der internationalen Preisbildung, wie es früher Deutschland vor 1896 hatte, gewährleistet und damit auch die notwendige Befriedigung des durch die heimische Landwirtschaft nicht voll gedeckten Bedarfs erst absolut sicherstellt.

Die Regierung hatte stets den Willen gezeigt, eine freiere Gestaltung des Verkehrs an der Produktenbörse herbeizuführen, und wenn sie bei den Beratungen der Novelle nicht für die Wiedereinführung des Terminhandels einzutreten wagte, so spielten politische Momente mit; sie wollte sich im Parlament die Machtfaktoren auch für die Zukunft sichern und durfte es deshalb mit den Agrariern durch Einbringung Antrages auf Wiedereinführung des Terminhandels in Getreide usw. oder durch Befürwortung eines derartigen Antrages nicht verderben. Daß bei der Börsenreform die Produktenbörse nicht in der gebührenden Weise berücksichtigt und im Gesetze selbst eine Klasse auf Kosten der Gesamtheit besondere, einen Vorzug darstellende Vorschriften eingeräumt erhalten hat, mag wohl daran gelegen haben, daß in der Volksvertretung der Produktenbörse nicht dieselbe Bedeutung wie der Fondsbörse zugemessen wurde. Andererseits waren aber auch die Getreidehändler nicht in der Lage, ihre Wünsche mit demselben Nachdrucke geltend zu machen, wie es bei den Besuchern der Fondsbörse der Fall war, da ihnen eine Interessenvertretung fehlte, während der Zentralverband des deutschen Bank- und Bankiergewerbes, (E. V.) zu Berlin sein Möglichstes tat, günstigere Vorschriften für die Fondsbörse herauszuholen. Es ist daher als notwendige Pflicht zu erachten, daß sich die Besucher der Produktenbörse jedenfalls zusammenschließen, um alsdann mit aller Macht den Kampf gegen das Terminverbot aufzunehmen, bis sie als Sieger aus demselben hervorgehen, zum Nutzen unseres deutschen Getreidehandels.

Zeitfracht Medien GmbH
Ferdinand-Jühlke-Straße 7
99095 Erfurt, Deutschland
produktsicherheit@kolibri360.de